風のかたち ②

子どもたちはこうして大きくなった

～教育現場からのヒント～

学校法人安田学園
安田小学校 校長
新田 哲之

渓水社

はじめに

社会の変容に伴い、教育は変わっていきます。子どもを取り巻く状況や学校教育に対する要請は変わり続けていきます。ただ、子どもの成長を考え、育んでいく教師や親の願いは変わりません。子どもと教師、教師と親、そして、親と子どもの信頼があれば、子どもは伸びていきます。子ども、親、教師がひとつになって営むのが学校教育である限り、学校と家庭とが信頼し合い、ともに考えていくことが、今何より大切なことです。

「風のかたち」は、２０１８年から２０２１年３月まで、学校と学校を取り巻く教育に対する考えを思うままに書き綴っています。子どもの眼差しに目を向け、子どもの日々の学びの姿から見えてくることを題材にしています。ここには、「教えること」「育てること」の使命感を持って、渾身の力を込めて授業にあたる教師も登場します。また、子どもを慈しみ、何もかもわかって子どもを支えてくれる保護者が登場します。

本書を手にされた方は、ここに出てくる教師や親を「自分」に置き換えて読み解いていただければ、見えなかったことが見えてくるかと思います。忘れていたことが思い起こされるかもしれません。

皆さんの心に留まり、学校教育や家庭教育の一助になれば幸いです。

目次

シーズン5

イラスト　溝尻《みぞじり》　奏子《かなこ》

颪のかたち　2

シーズン４

春が来た

春、学校にとっては1年の始まりです。入学式を迎え、新入生は希望を持って登校します。初めのうちはぎこちなかった朝のあいさつですが、数日たてばもう立派なあいさつができます。立派というのは、ていねいなあいさつができているということです。相手に体を向けて、背筋を伸ばし、おはようございますと声にして、それから、おじぎをしてくれます。「ていねい」ということを入学したばかりの1年生もやろうとしているのです。1年の始まりのこの時期に、なぜていねいなあいさつを1年生ができるのでしょうか?これは、家庭のしつけができていて、教育力が高いことの表れです。私共教師にとって、「しつけは家庭で」が浸透していることが大きな喜びです。

1年生は学校に来るだけでも大変です。ですから、兄弟のいる家庭は一緒に登校してきます。1年生の教室に弟や妹が入るまで見守っています。同じマンションだからと上級生が一緒に登校してきます。1年生と一緒に登校する子どもは他にもいます。バス停が一緒だから、幼稚園が一緒だったからという子ども。何も縁はないのだけれど、目指す学校が同じなのでという子ども。初めのうちはと、一緒に登校する保護者もいらっしゃいます。1年生が5、6人固まって登校してくるのでどうしたことかと思えば、後ろの6年生が、「正門のところでこの子たちのお母さんから私が連れて行きますと預かりました。」と教えてくれました。

グラウンドの石拾いを全員でしました。健康教育で外遊びや体育を裸足でするために石を拾う活動です。子どもにとっては、やらされる意識を持ってしまいがちな活動です。石を拾う子どもの姿を見れば、石を投げて遊ぶような子どもはいません。面倒だと思えば、石を投げたり蹴ったりするのが子どもです。そうではなくて、石を拾う子どもの姿から、裸足でも走れるように、快適に運動してもらいたいとの上級生の思いが見てとれました。

1年生から6年生までのグループで遊んだあとのことです。1年生が足を痛めたようなので6年生が保健室に連れて行き、1年生の教室まで送っていきました。1年生の担任に、足を痛めて保健室に行ったことを伝えたらしく、感心して見ていたのですが、その6年生は肩を落としていました。「わたしが気をつけてよく見ていれば、1年生はけがをしなかったかもしれない。」

と考えたようでした。この6年生の考えは何から生まれるのか。親御さんや担任が教えたから
でしょうか?そうではなくて、親御さん自身がこの考えを持っている方で、その姿を見て学び、
育っているのです。あるいは、担任が子どもを威圧して叱るのではなく、叱る言葉の中に、「先
生も気づけなくてごめんね。」があり、その6年生は育ってきたのかもしれません。5、6年生
になってくると、身近な大人を一歩ひいて見ます。大人や仲間も含め、自分の理想とするモデ
ルを持つようになります。春は1年の始まり。春を迎え、家庭と学校で大きく育つ1年にして
いきます。

子どもは生きる本質を知っている　――アンパンマンから学ぶ――

4月の末から5月にかけて家庭でいろいろな計画があるようで、朝のあいさつの折に子どもが教えてくれます。

「この前、貝掘りに行きました。」と生き生きと話してくれたので、このまま終わらせるのはもったいないと思い、「くわしく教えて?」と尋ねました。「どこに行ったのですか?」の問いは、1年生向きの問いですが、この子どもは2年生に進級したので、「くわしく」と問いかけました。2年生がこれから学習する内容の「くわしく話す、あるいは、くわしく書く」の質問です。「どんな形か」「どんな動きか」、その様子がわかることばを使って話してくれるであろうと考えて質問しました。その答えは、見事なもので、貝掘りの道具を使って砂を掘ったら、貝が出てきたこと、貝は大きいのもいれば小さいのもいたこと、貝が首を出してそのあと砂の中にもぐったことを話しました。貝がもぐる動きを見たのは体験ならではのことです。本や図鑑で見る以上の驚きで、自分の目で発見することは、また別の発見につながります。ヤドカリも見たようで、新たな別の発見があったかもしれません。

豊かな体験とは、こういうことです。貝を掘って貝を観察して発見すること、山に登って5月に群生するカタクリの花に目を留めること、その美しさやおもしろさから自然が好きになること、自然に関心を持つこと、貝もカタクリも日本人は自然のめぐみをいただいていることなど、体験を通して学びます。社会的な体験も同様です。体験が元になって、美術（図工）や音楽や算数や理科や社会科と、広く学習に関わっています。体験と学習が結びつくので、好奇心が旺盛になり、学習することのおもしろさがわかる子どもになります。そして、豊かな体験は、自然を愛することや社会と積極的にかかわることなど、豊かな生き方を生み出します。

「先生、アンパンマンは好き？今度、横浜のアンパンマンミュージアムに行くんだ。」

私は、アンパンマンよりもばいきんまんが好きと答えました。いつも笑顔の子どもの顔が曇ったように見えました。アンパンマンについてはその姿かたちを知っている程度で、軽率なことばでした。子どものことばをしっかり受け止めなければなりません。調べれば、アンパンマンは自分の身を削って人に生きる力を与えているのです。「何のために生まれて、何をして生きるのか」とアンパンマンの歌詞にあるように作者は問い続けています。後日、顔を曇らせた子どもが教えてくれました。あのとき、「校長先生は、ばいきんまんが好きと言ったけれど、悪いことをするばいきんまんのことが好きなのはどうして?」「アンパンマンは人のためになることをしている。アンパンマンは好きじゃないのかな。」それから、「アンパンマンは初めはばいきんまんに負けてしまうけれど、ジャムおじさんたちが力を貸してアンパンマンを助けて元気にしてくれること」「アンパンマンは負けても、みんなの力で勇気を出して戦うこと」「だから、アンパンマンが好きなこと」そして、「わたしのお母さんは、アンパンマンと同じで、人を助けている。」と教えてくれました。

子どもというのは、大人以上に「生きるということ」の本質を知っていると思いました。

話すことの指導

学校では、ていねいに話すということを教えています。ていねいに話すとは、ていねい語を使って話すということです。人の名前を呼ぶときには、「○○さん、○○くん」と言います。幼稚園児が親しみの呼び方として、「○○ちゃん」と言いますが、学校では、「さん、くん」をつけて呼びます。また話の最後は、「です、ます」をつけて終わります。人と話をするとき、「どこに行きましたか?」に対して、「海」ではなく、「海に行きました。」と言います。語や語句で終わるのではなく、ていねいに最後まで話しましょうと促し、「です、ます」で終わらせます。小学生のうちは「○○ちゃん」や「海」と話していても、そのうちていねいに話すようになると思われるかもしれませんが、大人になっても、ていねいに話せない人がいます。伝わらず理解してもらえず、誤解されてしまいます。また、ことばの貧しさから、人は耳を傾けなくなります。ですから、学校ではていねいに段階的に6年生まで指導します。

入門期は、一文から練習します。「私は、海に行きました。」と話せるように繰り返し口頭で言わせます。夏休み前の6月から7月にかけて三文話せるようにします。「私は、海に行きました。貝を拾いました。貝は、きれいでした。」と口頭で言えるよう練習します。三文ができれば四文、五文と増やしていきます。また、話すことと合わせて、三文~五文が書けるように練習します。書くことで話す力がつくからです。しかし、書けるようになっても話せない子どもがいます。原因は、恥ずかしいか、自信がないかです。書く力や話す力があるのに声が小さくて聞こえない、ことばが出てこない状態です。いずれにしても、心配はありません。学校には、話に耳を傾けてくれる人がいるからです。相手がうなずき、共感してくれます。授業で何をどのように話すかを学習し、そこに話を聞いてくれる人がいれば話をしたくなります。

ただし、話す機会を奪うと、子どもは話そうとしません。幼児の頃はうまく話せないので、大人が補足をして、あるいは、代わりに大人が話してやります。学校に通うようになっても引き続き誰かが話してくれれば子どもは話そうとしなくなります。話さなくても済むことを学校や家庭で学習してしまうのです。こうなると、話す力がつきません。自分のしたことが相手に話せなくて誤解されることがあります。自分の考えが伝えられなくて、どうせ話してもわかってくれないと思えば、余計話さなくなります。学校の学習では、自分の思いや考えを伝えることで、目標を仲間と協働して成し遂げたり、学習課題解決のために知恵を出し合ってアイデアを生み出したりします。そこを目指して、先回りせず、話を最後までさせることが大事です。話そうとしない子どもでも、ていねいに最後まで聞いてやれば話すようになります。

放課後、学校に忘れ物を取りに来た子どもがいました。教室に鍵がかかっていたので、事務室に鍵を借りに来ました。付き添われたおばあさんが少し離れたところで見ておられました。子どもは事情をすらすらと話せない様子でしたが、口出しをせず、見守っておられました。子どもは、おばあさんを頼ることなく、なんとか事情を伝えることができました。子どもを見守られたおばあさんに、話すことの指導はこうですよと教えていただいたようでした。

伸びる子ども ――失敗しても遊ぶ――

朝早く来て遊んでいる子どもがいます。遊びたいから早く学校に行くんだと言います。外遊びは体力がつきますし、授業のけじめもつきます。遊びを通して子どもは育つと言いますが、どういうことなのでしょうか。

子どもは本来活動的ですから、自分の裁量で使える時間と場があれば遊びを始めます。グラウンドで遊べない雨の日でさえ、1年生は算数ブロックやオルガンや粘土で遊んでいます。紙に絵を描いて遊んでいる子どももいます。夢の動物園だと言って、想像した動物を描いていました。それを見て、一緒になって絵を描いたり、動物の特徴を話したりしています。2年生はダンゴムシを飼っている子どもが食べ物やオスメスの違いを話していました。3年生はキャベツ畑から採集した幼虫や卵からかえったばかりのカタツムリに頭を寄せています。子どもは想像力や知的好奇心をふくらませながら遊んでいます。こうやって、やりたいことを個々でやっていたのが、やりたい者が2人、3人と集まって群れて遊ぶようになります。「群れて遊ぶ」

ことが小学校では大事です。４年生以上になるとバドミントンやバスケットボールのように動きが大きく複雑で、野球やドッジボールのように集団の人数が増えます。遊びを見ていると、友だちは作るものではなく、できるものだとわかります。やりたい遊びに集まって仲間ができるということです。遊びにはルールがあり、遊んでいるうちにもっと楽しくしたいので、ルールを作り変えます。ところが、思い通りにならないことがあると、「やめた」と抜ける子どもや強引にルールを変える子どもがいます。ここが遊びで育つ点で、仲間づくりのチャンスです。自分の勝手を押し通せば、そのうち誰からも相手にされなくなってしまいます。そうなると、ひとり遊びに戻ってしまい、それではつまらないから、何とか折り合いをつけようとします。これを先回りして担任が口出しすると仲間づくりにはなりません。良かったり悪かったりが続きますが、ひとりぼっちを味わうことも必要なことです。相手を思い通りにしようとして成功していたはずなのに、そうもいかなくなるわけで、人は思い通りにはなってくれないことをお互いが学びます。また、ひとりぼっちの寂しさを知った子どもは、のちに、ひとりぼっちになった子どもの心を想像する「やさしさ」を備えます。遊びは、人間関係を結ぶ力になります。

遊びは主体的、自主的で思考を要するものですから、「自ら学ぶ力」とかかわってきます。

遊びをおもしろくしたいので、どうしようかと発想を巡らせます。また、一輪車や鉄棒、登り棒のような少しの練習では上手くなれない遊びは、意志力や持続力を培います。できるようになるには何をどうするか、思考・判断・行動を要します。失敗して考えて、試すことを繰り返します。

いろいろなことができて伸びる子どもというのは、失敗しても上手になりたいので遊びを続けます。いつでも、どこでも遊びます。誰とでも遊びます。不満や愚痴を言って投げる子どもにしてはなりません。学校は、遊びを通して人間関係づくりを学び、発想力や想像力や自ら学ぶ力を培うところです。

「ていねい」の指導

ていねいなことばを使い、ていねいに話をする。そこには心がともなわなければなりません。ただ、小学校教育では、「形としてのことばや所作」と「相手を敬う心」の両方ともに力を入れています。1年生や2年生のうちは、形を大事にして教えます。人の名前を呼ぶときには、「さん、くん」をつけて呼ぶことを習慣づけます。相手のことを「○○ちゃん」とは呼びません。相手を敬う心がともなう「ていねい」が理解できるのはもう少し後の、10歳を迎える4年生からです。

4年生になると、「ご指導ありがとうございました。」と言ってお辞儀をする子どもがいます。心がともない気持ちの良いものです。その4年生が、先日、遠足を終えて一緒に山登りをした3年生に、「ありがとうございました。」とお礼のことばを受けていました。担任に事情を聴けば、山道は広く2列で歩いたようで、4年生は、3年生が谷側に足を滑らせないように常に谷側を歩いたとのこと。3年生はお礼を言うことで感謝することを学べますし、4年生は「ありがとうございました。」と言われることの心地良さを感じます。心地の良いことは相手にしてみようと思うものです。「ていねい」ということが4年生の心に留まる指導をした担任を頼もしく思いました。

「ていねい」の指導の機会は、日常生活の中にあり、その場面をとらえて大事に指導すれば子どもは変容します。校庭のウサギの世話や遊具の修理をする用務員の方から学校での仕事の内容について、4年生が話を聞きました。その日の日記に、今度から通りすがりにはお礼を言いたいと書いていました。今度から遊具は大切に扱いたいとも書いていました。大切に扱う考えは、敬う心があるから生まれたのです。子どもというのは大事なことは何か、考える力を持っているものです。

「ていねい」の指導は、「さん、くん、です、ます」のていねい語を使うということです。ていねいに人の話を聞き、ていねいに話し、ていねいに考えることです。また、相手を敬う心を持つということです。ていねいなことばを使う、見た目の良い子にするのではありません。学校教育は社会に貢献する人材を育成することが目的で、そのために授業で学力をつけ、「ていねい」の指導で品格を育てます。社会で通用することば遣いや所作を身につけ、相手を敬う心を持って、ていねいに考えて行動する力を蓄え、自立貢献ができるようにします。

先日、京都のホテルで忘れ物をしてしまいました。ホテルに問い合わせたところ、「それはお困りでしょう。すぐに探します。」と言われ、そして、「見つかりました。すぐに届けるのでもうしばらくお待ちください。」と言われました。「ていねい」な心のこもったことばで、気持ちの良い思いをしました。

バスを利用する子どもは、運転手さんにあいさつや会釈をしているでしょうか。学校以外でていねいなことばが使えているでしょうか。学校と家庭の、「ていねい」の指導で、どこでも、誰にでも、敬う心で、ていねいなことばが話せる子どもにと考えています。子どもは家庭の宝ですが、社会の宝として考えています。

1年生を迎える

入学式からひと月と少し経った先日、1年生は6年生と遠足で安佐動物公園に行きました。6年生と行く遠足は楽しみです。6年生にとっても楽しい活動になりました。

遠足

バスの中で、「どこに行きたい」と聞くと、「全部」と言っていたのですが、着いて歩いていると坂を上るのは嫌だったらしく、西園に行くのはやめて他の動物をしっかり見ました。キリンやゾウ、ライオンなどはとてもはく力があり、ミーヤキャットはとてもかわいくていやされました。そして、ご飯を食べた後、1年生のペアの○○さんに、「ありがとうございました。」と言ってもらえました。とてもうれしかったです。

（中略）

今日は、わたしも楽しめたし、1年生も楽しめたと思うので良かったです。
また○○さんの笑顔を見たいと思いました。

6年生の日記から一部抜粋

1年生の様子や6年生の思いが、この日記から伝わってきます。

6年生は最高学年になり、下級生の憧れとなる存在を目指しています。あいさつの礼や履物をそろえることのような目に見えることで下級生に示してくれます。体育でチャレンジする姿を見せてくれます。掃除は5年生と分担して、特別教室や階段や1年生の教室をしています。掃除をだまって、ていねいにする姿を見せてくれます。上級生は、この日常の活動に加え、入学式やかんげい集会〈注〉を通して1年生を「迎える」ことをしています。

「迎える」とは、待ち受けて、訪れる人を受け入れることです。受け入れるのですから、相手がとがっていても出っ張りがあっても、ありのままを受け入れるということです。受け入れるところから相手との関係が生まれます。ところが、自分を含めた大人社会は、「迎える」ことができているのだろうかと思います。自戒の念を持つとともに、学校が「迎える」ことの意義を確かに持って教育する必要を感じます。この1学期からの学校行事を通して、迎えることは受け入れることだという体験としての学びを積み重ねなければなりません。

1年生の担任をしていたとき、クラスのお母さんから、お礼を言われたことがありました。「うちの子は最近、元気よく学校に行くようになりました。春の草つみで2年生に草花遊びを教えてもらい、この度の遠足で6年生と動物を見て回り、学校が楽しくなったようです。4月は、行ってきますのことばに元気がないときがありましたが、今は楽しそうでクラスの友だちの名前もよく出てくるようになりました。」この子どもはしっかりしており、また、ふだんはクラスの友だちに話しかけているので、心配していなかったのですが、お母さんは家を出るときの声で感じておられたようです。「迎える」体験で、1年生の心がすっかり開放されたのです。

遠足の前日、今年の6年生がこう書き綴っていました。「私の願いは、1年生が自分から話してくれて、たくさん話をすることです。明日の遠足では、1年生のことをいちばんに考えたいと思います。」

注

かんげい集会…本校では毎年、新入生を歓迎し親睦を深めるために「かんげい集会」を行っています。代表委員会主催のゲームを行うなど高学年児童のリーダー性を発揮し、児童の主体性を高める活動として位置づけています。

5年生は6年生を見ている

「ていねい」を指導の中心において指導しています。日々の生活の「ていねい」の指導であったり、授業でていねいに書く・聞く・話す指導であったりの営みで、少しずつ子どもに浸透しているように感じます。1年生の入門期は、「ていねい」の学習をしているようなものです。

1年生の図工の授業を見に行くと、「正しいはさみの使い方」を学習していました。教師が直線を切り、角を切ると、長方形の紙から細長い形ができあがりました。くるくると渦巻きのように丸く切ることもしていました。教師がはさみをどうやって動かすのか、子どもは、教師の説明を聞きながら見ていました。見るということは大事な学習能力です。教師のように上手に切りたいと、教師のはさみの使い方をていねいに見て、技を身につけようとしています。もう一方の手は紙を持って、紙をどう動かすのか説明を聞いています。上手に切りたいと思えば、ていねいに聞こうとします。話半分で早くやりたいと思えば、うまく切ることができません。教師の手本をていねいに見て、話をていねいに聞けば、上手になれることを学習します。

4年生の子どもが、「校長先生、今度の全校朝会の話は何ですか?」と質問に来ました。私が何の話をするのだろうと楽しみにしてくれているようです。ていねいに聞くことを子どもに言っているのですから、教師も内容のある、聞きたくなる話をしなければなりません。その点、図工の授業は、子どもがやってみたくなる題材を用意し、ていねいに聞けば上手にできる学習になっていました。このような「ていねい」の教育の営みが、「ていねい」ができる子どもを育てます。

5年生が、ていねいに掃除をしています。5年生になって、掃除をする場所が増え、全校児童が使う特別教室や体育館を掃除しています。4月に掃除について授業をしました。掃除は、人のためになることであり、自分を成長させることにもなると発言しました。「協力することや助け合うこと、そして、自分を磨くことになると考えた行動でした。」その5年生の掃除をずっと見てきました。授業で考えたことをやり抜いている様子が見られます。決められたことをていねいにやっています。その5年生が、日記に掃除のことを書いていました。

6年生の掃除

きょう、6年生の掃除の様子を少しだけ見ました。

無駄話を一切せずに、てきぱきと仕事をしていました。5年生は無駄話をして、仕事があまり進んでいないことが時々ありました。

ここが5年生と6年生の差かなと思いました。

5年生も、6年生に負けない掃除はできると思うので、がんばりたいです。

5年生は6年生を見ています。5年生は感じる心を持ち、考える力があります。考える力があれば、変わることができます。考える5年生がいることを頼もしく思います。どうすれば感じる心を持ち、考える力をつけるのか、それが「ていねい」であり、国語力です。

誰かがわかってくれる

「くすのき」〈注〉の授業で4年生の教室に行きました。授業のテーマはリーダーシップ。リーダーシップを自ら学ぶ力と関連づけての授業で、4年生にはやや難しいものでしたが、私の提示した学習課題をていねいに聞いて理解し、じっくり考えており、子どもの発言や学習感想から、子どもが自分のことばで考えている手ごたえを感じました。

・リーダーシップとはクラスの中心的存在ではなく、人のために尽くすことだ。
・先生から言われて決められたことをするのがリーダーシップではない。
・リーダーシップは自分の心から湧き起こるもので、自ら行動をとることだ。
・自分で考え判断するだけでなく、判断したことをやって、みんなの役に立ちたい。

と、4年生は考えていました。

学校生活で子どもは、当番で日直や係の活動を1年生からしています。2年生からは掃除もします。どれも決められた仕事です。4年生になると、みんなで使う場所も掃除をするようになり、5、6年生はさらに人のためにする活動が増えます。学校生活は4年生以上の子どもの手によって支えられており、子どもは自分たちの力で主体的に活動し、リーダーシップを身につけていく学習として行っています。日直や係の活動は低学年のうちは活動がおもしろいからやる側面がありますが、4年生くらいになってくると、人の役に立っていることを意識し、もっと仕事を効率よく、上手にしようと思考し工夫するようになります。リーダーシップを学び始める時期が来たということで、人のために尽くすことができれば自ずと人が集まり、まわりがついてくるようになります。

6年生の担任をしていたとき、感受性が強くて、その分すぐにかっとなって腹を立てる子どもがいました。まわりの子どもに、乱暴なことばで怒鳴ることがありました。その一方、よく気がつき、人が喜んでくれることがしたいと考える子どもで、掃除で仲間が使った雑巾をきれいに洗って片づけていました。腹を立ててしまうのは、グループの活動中に仲間から避けられたときに起こるので、その子どもに、「掃除や日直で人がやらないところまでやっているのがあなたの良さです。あなたのことをわかってくれる人はいます。これからもみんなのために役に立つことを続けてごらん。」と話しました。それでも、なかなかうまくいかず、とうとう学級会で腹を立てて、「わかってくれるのは先生だけ！」と大泣きしたことがありました。このとき、ある子どもが、「私たちはあなたの親切をわかっている。だけど、かっとなって怒鳴るのをやめてほしい。怒鳴っても解決しない。そんなときは落ち着いて話そう。」と言いました。

人の心というのは思い通りにはなりません。しかし、心から人のためになろうと尽くせば、相手はわかってくれます。これには時間がかかることです。解決できるかどうかの確信はありません。それでも、誰かがわかってくれると希望を持って、子どもに伝えていこうと思っています。

注
「くすのき」…自分と自然や社会に関わる体験活動を行い、人間としての品格を培う独自の教科です。

チャレンジの積み重ね

この春のはじめに、今年のみんなの目標としてチャレンジすることを伝えました。何をチャレンジするのかは、一人ひとり違います。昨年できなかったことを目標にしてチャレンジする子どもがいれば、クラスの目標をもとに自分の目標を立てて、それに向かってチャレンジした子どももいます。クラス担任から一人ひとりの様子を教えてもらいました。

1年生や2年生、3年生は、目の前にある学習の課題がチャレンジになります。

・水遊びで水に慣れて顔をつけることができたことや泳ぐ距離を伸ばしたこと
・計算カードを毎日続けて、計算スピードを上げたこと
・リコーダーの課題を練習して技能を上げたこと
・英語のスキットの発表ができるように練習を重ねたこと

4年生や5年生は、自分の弱い点も含めて課題意識を持ってチャレンジするようになります。そして、4年生から6年生までに、自分を高めるために課題を見つけ、何をどうしたらよ

いかを考えて、チャレンジする力をつけていきます。
・算数が苦手なので、算数自主プリントを継続したこと
・漢字テストや計算検定で合格するために努力したこと
・生活ノート〈注〉に書く日記の漢字目標を毎日達成したこと
・笑顔で過ごし、中学校や高校の先生にも朝のあいさつをしたこと〈注〉

4年生の10歳を過ぎる頃は、自分を客観的に見るようになるので、自分の課題意識をもって生活する子どもが出てきます。4年生からは大人から言われてするのではなく、自分から考えてすることを好むようになります。自ら考えてチャレンジする子どもには、3年生までの目の前のことにチャレンジしてやり遂げた積み重ねがあります。

校長先生のお話

今日、全校朝会で校長先生が国語力プロジェクト〈注〉（生活ノートの漢字数〈注〉など）についてのお話をされました。
私は、そのお話である事に気がつきました。まだ、漢字の数を書く事が最初だったころ、生活ノートを書くたびに文字数が気になっていました。でも。今日校長先生の話をうかがって、改めて考え

てみると、もう最近では漢字の数のことは気にならなくなっている事に気が付きました。帰って生活ノートを見てみると、今日あった出来事やその日に思った事を書いているだけなのに、漢字の数を下回っている日は一度もありませんでした。
私は、今日の校長先生のお話で、見方を変えて毎日こつこつやることで難しいと思うことがクリアできるようになるんだと分かりました。これから、いろいろな事でそのようにがんばっていけたらいいなと思いました。

（6年生の生活ノートから抜粋）

自らチャレンジする力を育てるには、低学年の「やり通した積み重ね」が大事で、5、6年生でも、小さなチャレンジ体験を積み重ねれば大丈夫です。

注
生活ノート…家庭との連絡や日記を児童が書くノートです。保護者がコメントをつけて提出し、担任は返事を書いて返却します。子どもを褒め・励まし、時には一緒に悩みを分かち合うなど担任との心の懸け橋となっています。また、学校や担任の考えを子どもや保護者に伝える役目も担っています。
朝のあいさつを中学校や高校の先生にしたこと…本校は安田学園の中学校・高等学校と同じ敷地内にあります。中高の生徒や教師も同じ時間に登校するので、出会ったら小学生も挨拶をします。

国語力プロジェクト…すべての学びの基本であり、自分の生きる道を考える力となる国語力。聞く・話す・書く・読むの４つの力を育成するプロジェクトです。

生活ノートの漢字数…生活ノートの日記を書く際に、学年ごとで漢字を何文字以上書くという目標設定をしています。

期待と希望

「天気に文句を言う」ということばを耳にしました。少し前のことになりますが、イギリスのキャメロン首相（当時）のことばです。首相はイギリスのＥＵ加盟の存続に賛成していましたが、国民投票でＥＵ離脱が決まった後の、「ＥＵ残留に関するデマや虚偽まがいの報道について影響があったのでは？」との質問に答えたことばです。首相はこれに対し、「報道に反論するのではなく、国民から賛成を得るための手を打つべきで、私はそうしたが、かなわなかった。報道に原因を持っていくのは天気に文句を言うのと同じだ。」と答えました。

結果に対して文句を言うのはたやすいことです。しかし、文句を言って問題は解決するのか、混迷の中の光を見つけることはできるのかと思います。学校教育に当てはめて考えると、「期待と希望」ということばが思い浮かびます。大人は子どもに期待します。期待をすれば不満を持つことになります。たとえば、学校の宿題でまちがった答えを子どもが書いています。そんなとき、「どうして、この問題ができないのか。」と大人は腹を立て、「何度も練習したのになぜ？」

と責めてしまいます。ここに解決の道はありません。そうではなくて、希望を持つ方向に考えを向けていけば解決の道は開けてきます。「まちがっているのなら、どうすればできるようになるのか。」と希望を持てば、子どもは試行錯誤して答えを出そうとします。うまくいかなければ、なんとかしようと創意工夫します。この繰り返しで、意欲的な子どもになるのです。

担任をしていた頃、『アンネの日記』を読んで心を動かした子どもがいました。アンネについてもっと知りたいと親を説得し、遠くまで足を運んで専門家の話を聞き、アンネのバラを持ち帰って育て始めました。バラの栽培は、アンネに対する理解やアンネの考えが、どうすれば多くの人に広められるか考えての行動でした。学校にもバラの苗を植え、今も花をつけています。点字を教えれば点字で日記を書き綴り、手話を覚え、どうやれば点字や手話が広まるか考えていました。小学生なのでひとりの力ではできません。そこには親御さんの助けがありました。「どうすれば子どもの夢が実現できるのか」と考える親御さんでした。この子どもはやりたいことをやり通して卒業していきました。今、大学生になり、生命科学の分野で酵素の研究をしています。相変わらず、答えのない答えを見つけようとしているようです。夢を持ち、答えは出せると希望を持ち続けています。

教育には希望があります。子どもに眼差しを向け、授業でどんな力をつけたいのか、そのために授業をどうデザインしていけばいいのかを追い求めるのが教師です。「天気に文句を言う」のではなく、希望に満ちている学校にしなければなりません。

1年生の秋のしつけとルール作り

夏休みが終わりました。子どもが学校に集まり、学校は息を吹き返したようです。夏休み明けは、学校の生活時間に合わせて行動する習慣を取り戻すことが必要ですが、子どもたちを見れば、そんなことよりも久しぶりに会えた仲間と休み中の話をすることや一緒に遊ぶことに夢中のようで、すぐに取り戻しそうです。子どもは自分を飾らず授業を受け、仲間と自然体で触れ合っており、親御さんの肩の張らない家庭教育に感謝しています。

夏休み明けの教室に行くと、夏休みの作品が展示されていました。作品を見ていると、「これは動く恐竜でここを押すと、腕が動くでしょ。」と説明をしてくれます。作品を作った本人かと思えば、そうではなくて、別の人の作品でした。「これは雷が起きるものです。これを引っ張ってみてください。」と自分のもののように、子どもがそれぞれ遊び方や優れた点を話してくれます。人の作品に関心を持ち、おもしろさや良さに惹かれているのでしょう。4月から蓄えてきた仲間とのつながりが、これからさらに強く結ばれる楽しみを感じました。

1年生は、教室のルールや学校のしつけを仲間と定着させる時期です。これまでは、一人ひとりが、あいさつや礼の仕方、履物をそろえることなどを学習してきましたが、これからは、仲間どうしで身につけるようになります。「○○さん、宿題を出したら外に遊びに行こう。」「○○くん、授業の準備をしてから遊びに行かなくては。」と仲間が声をかけてくれるようになります。みんなでルールを覚えて良い習慣をつけるようになるのです。

子どもに仲間意識が出てくると、そのぶん、人間関係のトラブルも起こりやすくなります。これまでひとり遊びが中心だった子どもは、2人で遊び、2人で満足していた子どもは5人6人と集団で遊ぶようになります。集団の中でそれぞれの思いが異なることから、考えが食い違うのは当然のことです。活動が活発になり、集団遊びを好むようになれば、人間関係づくりを学ぶときが来たと捉えます。ですから、秋からは、子どもと一緒に教室のルールを作るようにします。人から言われてうれしかったことばはいろいろあり、1年生に聞けば、友だちから遊びに誘ってもらうことばがうれしいと言います。どんなことばがうれしかったか、子どもに聞き、そのことばをこれから使っていく約束をします。教室のルールを子どもと作ることが肝心です。「鬼ごっこを一緒にしよう。」「図書室に一緒に行こう。」声をかけてもらえば、一人ぼっちの子どもはいなくなります。自分の存在を感じることができるので、親切にしてもらったことには、「ありがとう。」が言えるようになり、笑顔で答えるようにもなります。仲間が描いた絵や工作を見て、「上手だね。」と言うようになります。

このように、秋は仲間としつけを確認し合い、仲良しを広げる時期です。ルール作りを通して、人間関係づくりを学びます。このことは、もう少し大きくなった4年生以降で、仲間を信頼し合い、人のために役立とうとすることにつながります。

みんなが主役

もうすぐ運動会です。運動会は4色対抗で各チームが優勝を目指し、徒競走や団体競技でいちばんを目指しています。いちばんを目指してやることは大事なことです。目標に向けて考え、判断し、行動を起こすという意味で大事です。考える習慣と判断力がつき、いちばんになれば自信がつき、意欲的になります。一方、いちばんになれなくても学ぶことはたくさんあります。

自己肯定感には、競争的自己肯定感と共感的自己肯定感があります。競争的自己肯定感とは他者との比較で、順位が1位になることで高まります。共感的自己肯定感は他者との比較ではなく、性格や感情を対象としています。運動会のかけっこで1位になり、賞賛されれば競争的自己肯定感が高まり、運動会で仲間に声援を送って感謝されれば共感的自己肯定感が高まります。かけっこで1位を目指したがスタートの失敗で1位を逃せば、競争的自己肯定感は下がります。競争的自己肯定感が下がったとしても、もう一つの共感的自己肯定感が高まっていれば、「失敗しても大丈夫。」と捉えられます。「失敗するのも成功するのも自分。」と受け止められます。

6年生のリレー練習で、けがをしたため見学する子どもがいました。自分のチームの順位を上げるにはどうしたらよいかを考えて、練習後に意見を伝えていました。走ることはできないけれど自分もチームの一員だという意識を持っています。仲間と意見を交わし、バトンパスの技能が上がれば、共感的自己肯定感が高くなります。3年生で病気のため競技に出られない子どもがいます。養護教諭のそばで応援をしています。特に3年生の競技が始まると椅子から立ち上がり手を振って声援を送っていました。「自分は自分でいいんだ」と共感的自己肯定感の高さがうかがえました。

全学年の選抜リレーのことです。

リレー選手

朝、小児科へ行きました。なぜなら、今日、リレー選手の練習があるからです。3回のうち2回休むとリレー選手から外されます。

今日はその2回目の日です。（病院の）先生に診てもらうと、まだだめだねと言われました。私はその時、悲しくて涙が出てしまいました。ああ、リレー選手から外されるのだと何回も思うと、すごく暗い気持ちになってしまいました。家に帰ってそのことを話すと、「見るのも楽しいよ。これからずっとリレー選手になるかもしれないのだから、1回くらい見るのもいいかもよ。」とお姉ちゃんに言われて、それもそうかなと思って、少し心がかるくなりました。

おうえんもがんばりたいです。

自己肯定感の高まりを感じます。運動会は「みんなが主役」です。1位は主役です。失敗や不運に対して前を向く子どもも主役です。

行事で育つ

自分の成長がわかる、あるいは、自分の良さに気づくことで、子どもというのは自信を持ってものごとに取り組むようになります。

運動会の徒競走で、練習では4位が最高だったのが、3位に順位を上げることができた、そのことを家族に誉められたと日記に書いていました。自分が頑張って練習に取り組み、数字で結果が出たわけですから、自信がつきます。さらに、家族の誉めことばでいっそう自信がつきます。「おはようございます。」のあいさつを生き生きと笑顔でするようになった子どもがいます。聞けば、4年生になって初めてリレー選手に選ばれたと教えてくれました。教師から言われたことを自分の行動目標にしている子どもがいます。リレーで1位になった子どもは、担任から「手をよく振ったら速くなるよ。」と言われたのを心に留めて練習をしました。

運動会は見るだけでも楽しい。そう考える子どもがいます。「他の学年の競技を見るのはおもしろい。」「応援合戦は盛り上がる。」と言います。応援係をやった5、6年生は、「やって良かった。チームのみんなが力を出してくれた。」と言います。運動会独特の雰囲気と高揚感がそうさせるのでしょう。入場するときの応援の声や拍手、徒競走で自分の順番が次第に近づいてくるときなど、気持ちが高まります。1年生と6年生のペアの競技は、順位を競うのですが、競技自体を楽しむ姿が見られました。2年生から5年生の競技でもボールをゴールに入れる、うまくキャッチするというような動きを楽しんでいました。力を出し尽くすことや体を動かすことがスポーツの楽しさです。

4チームに分かれ、各チームが長い棒を横並びに4人で持って走り、コーンを回旋し、次の4人につなげる競技がありました。回旋するときに4人が棒の内側に近づいて素早く回る4人組がいました。練習のときには最下位になることもあったようで、どうすれば順位が上がるか、考えていたようです。そのチームは運動会で途中まで1位でしたが、惜しくも1位になれませんでした。しかし、目標を持って考えたことと行動に移してうまくいったことは、この4人にとって大事なことです。風を切って走る姿は美しいものでした。「きみはよく考えてやりぬいた。」と伝えると、笑顔で「ありがとうございます。」と答えました。私が言わなくても、自分の良さに気づいていたかのようでした。

順位を上げることから自信はつきます。ただ、みんな順位が上がるわけではありません。それでも、子どもは運動会で成長します。子どもは、「やり切る」「考えて行動する」学習をしています。そして、自分の成長がわかり、自分の良さがわかります。行事で育つとは、こういうことだと思います。

泣く力から国語力へ

休み時間に、大泣きしている1年生を心配した仲間が私を呼びに来ました。その1年生に事情を聞けば、鬼ごっこの鬼になった子どもから腕を強く持たれたと言います。「痛かったのだね。」と言えば、「痛いから泣いているのではなくて腕を持つのではなくタッチするルールなのにそれを守っていない。」と言いました。泣きながら話しているのですが、考えははっきりしています。ことばの力がある子どもで感心しました。鬼になった子どもにもう一度伝えることになり、その後、「相手に話をしたらわかってくれた。」と教えてくれました。「自分の考えを伝えるのは良いことですよ。」と話して終わりました。秋の1年生は仲間との結びつきができるので、その分、遊びのルールが必要になります。遊びで心がつながり、遊びで誤解やルール破りが起きます。ルールやことば遣いを仲間と学ぶ時期に入ります。

赤ちゃんは、泣いて欲求を訴えます。お腹がすけば泣き、熱が出れば泣き、蒸し暑いと不快感があれば泣いて訴えます。自分の生命を守る能力を持っており、生まれながらに泣く力があります。赤ちゃんが泣くことで母親が気づき、訴えに応えてやることで赤ちゃんは欲求が満たされ、心が安定します。こうやって望ましい母子関係ができ、信頼を厚くします。

小学校に入ると、泣いて訴えることは少なくなります。10歳を越えるとほとんどなくなっていきます。泣きたいときには泣けばいいのですが、泣くことは恥ずかしいと思うようになります。泣くのは心の表出で、われわれ教師からみればサインですから、いつもと違って元気がないのと同じように何かあったのだなと捉えます。小学生にもなって泣くのはおかしいのではなく、泣くことも元気がないのも、怒りも悲しみも、ことばで語らせます。

子どもというのは生きる賢さを持っています。かつて担任をしていたときのことです。遊んでいてルールを破る仲間がいると、さっさと遊びをやめる子どもがいました。教室に帰ってきて本を読むとか、違う遊びを始めていました。その子もルールを破ることがあるのでそれを指摘すると、確かにそうだと認めてそれ以来、ルールを守るようになりました。仲間から何かされて腹が立てば、思いっきり走りだす子どもがいました。他の遊びをするとか走るというのは、社会的に認められることに変えているのであり、「私は自分の心をコントロールする」と言っているかのようでした。ルールを守らないことがあっても全く相手にしない子どもがいました。たいしたことはない、そんなことより続けて遊びたいと言い、ルール破りをブルドーザーのように処理する子どもでした。心ないことばを言われても全く気にしない子どもがいました。そもそもそんなことは何とも思わないと言います。その子は、親御さんから「それはあって当たり前。」「誰にでも優越感を持つ心はある。」と教えられていました。

この子どもたちに共通するのは、考える力を持っていることです。ことばで考える、国語力のある子どもです。泣いて訴える子どもであろうが、元気のない子どもであろうが、子どもがことばで語り、どう処理するかをことばで考えることが大事です。

大人の姿勢

子どもは、親の背中を見て育つと言います。ていねいなことば遣いをする子どもの親御さんは、落ち着いた所作をされています。活力があって好奇心旺盛な子どもの親御さんは、意欲が前面に出ておられます。子どもは信頼する人をよく見ています。子どもは親をモデルにします。

このことは学校教育でも言えます。掃除を生き生きと楽しそうにやる子どもがいます。子どもというのは新しさがあれば、面倒なことであっても楽しんでやります。しかし、掃除というのは毎日のことですから新しさがなく単調な繰り返しです。なかなか楽しくはできません。それでも楽しくするのは、教師が気持ちよくやっているからです。生き物好きの教師のクラスの子どもが動物を飼育したり観察したりするようになり、スポーツや読書が好きな教師であれば多くの子どもがそうなります。

文化祭の準備に大勢の親御さんが来られたとき、子どもの下校と重なりました。あいさつをどんなふうにするか見たのですが、残念なことにあいさつをする子どもがあまりいませんでした。ちょうどこの日はあいさつ運動で、登校中に子どもは親御さんとあいさつを交わしたのですが、帰りにはできませんでした。あいさつが身についていないということです。では、本物の力を身につけるにはどうしたらよいのか。それは、家庭で保護者が、学校で教師が、あいさつの姿を見せることです。大人がやって見せることで、子は真似てやるのです。

地図ならびに地理作品展〈注〉という社会科のコンクールがあります。毎年調べ学習をこのコンクールに出品し、大きな賞をいただいてくる子どもがいます。今年はコンクールに応募しなかったので、親御さんに聞けば、やってみたいことはあったが、夏休み期間では時間が足りず今年は見送ったそうです。夏休み前に子どもは水道の水に興味を持ち、社会科の学習でも上水道について学習したので、「どうやって水をきれいにしているのか？」「浄水場で見てみたい。」「浄水場の水はどこの水？」と疑問を持ちました。この疑問をコンクールに間に合わせようとすれば、我が子の学びにはならない、コンクールにこだわらず「どうやって」「どこから」の疑問を学びにしていくよう、子どもの思考レベルに合わせて研究させてやりたいと聞きました。この子どもは、学校でも学ぶことが好きな子どもです。親御さんも研究をされる方のようで、学問をする手法や技術を身につける素地を大事にされています。

6年生になってようやく元気よくあいさつをするようになった子どもがいます。ようやく授業に前向きになった子どもがいます。子どもというのは、学ぶことのおもしろさを積み重ねて、学ぶことが好きになります。どの子も伸びる力を持っています。そして、どんな子も伸びます。伸びる力を出すには、やってみたいことがあって、きっと良くなると希望を持てるかどうかです。やりたいことを見つける子ども、希望を失わない子どもにしたい。ここに大人の姿勢が問われます。

注

地図ならびに地理作品展…小・中・高・特別支援学校等の児童生徒に地図ならびに地理作品の制作を通して、地図に対する正しい理解を持たせると共に、それを活用する能力を身につけさせることを目的に毎年9月から10月に開催されています。

俳句を作る

毎月19日は、俳句の日。季節の折々に1年生も6年生も五七五の文を創作しています。朝のあいさつのとき、子どもが「どうすれば校長賞がもらえるのですか?」とやってきました。そのときは、「あなたは本をたくさん読んでいるでしょ。それなら、季節のことばを歳時記から選び、選んだことばを使って俳句をたくさん作れば上手になりますよ。」と答えました。その子は、「ふうん。」と言ったまま通り過ぎていきました。私の答えがあいまいだったようで、期待に添えませんでした。私が選ぶ作品は、情景が思い浮かぶものです。色や音、静と動、明と暗が伝わってくるものです。心の情景も含めて、見たもの、聞こえてきたもの、肌で感じたものを題材にして感動を的確なことばで表したものに賞を出します。感動をことばで表すことは、大変難しいことで、ことばを吟味しなければなりません。1年生の入門期までは思い浮かんだことばをそのまま並べて、五七五の文を作りますが、1年生でも秋になれば、思い浮かんだことばを吟味し、それらから選んで文が作れるようになります。

まんげつがぼくをてらしてわらってる　1年　どんぐりのぼうしをさがせ木もさがせ　1年

満月のあかりを見て、満月もぼくも笑っているようです。どんぐりの帽子はおもしろい形で、ついでにその木はどこにあるかと見上げます。「ぼくをてらす」「さがせ…さがせ」のことばを選ぶ力は見事です。２年生以上は時間をかけて的確なことばを思い浮かべ、その中から自分の心にぴったりのことばを選びます。

せんぷうき来年の夏に会いましょう　2年　冬の風耳もと入ってからだ冷え　2年

片づける扇風機への愛情をことばにしています。耳もとで感じる風は冷たく、２つとも実感したことをもとにしてことばの選択をしています。高学年になるとさらにことばを練って、仕上げていきます。作品のことばを見れば、教師と子どもの根気のいる指導と学びが見て取れます。

紅葉とかがやく金閣ツーショット　5年
光と色をことばにし、金閣を知る人は思わずその通りといいたくなります

ぽつぽつと灯りのように柿がなる　6年
色をうまくことばにして、色味と明暗を表現しています

黄金にかがやく月は雲隠れ　6年
時の経過とともに明暗を表しています

焼き芋を家族で切り分け湯気ひとつ　6年
肌のぬくもり、五感を駆使したことばの選択です

本物を見て、心で感じたことを、最も短い文で表すには、1年生から詩や絵本や物語の優れた表現を目にすることが大切です。子どもというのは作品の優れた表現は覚えてしまいます。その蓄えたことばを使おうとします。それが俳句を作る肝心なところで、学校文化が大事です。

教師の喜び

年末にうれしい思いをしました。6年生の保護者と教室の前ですれちがった時、日ごろの担任の指導に感謝しているとお礼を言われました。その指導とは、これをやってもらったというその場のことではなくて、5年生の時から子ども自ら考える指導をしてもらっており、子どもなりに考え、成長しているということでした。「先生は教えるべきことは教えるが、すべて教え込むのではなく、思考させる機会を与えてもらっている。我が子なりに課題を設定して何をどうするか考えて、何とか自分でやり通そうとする」このことは、確かな学力につながります。学力は、基本（知識・技能）と自ら学ぶ力の両輪が連動することでついていきます。この一貫した教師の指導を親御さんが理解していただいているのは有り難いことです。

教師にとって、目の前にいる子どもが成長することがいちばんの喜びです。先日、研究授業で6年生の体育を見ました。バスケットボールで技能の高い代表チームをあえて作っておき、学習課題は、代表チームと対戦して自チームの失点をどうやって防ぐか？でした。代表チームですから何もしなければあっという間に点を取られ、ハンディキャップの得点に追いつかれてしまいます。試合前に失点を防ぐ方法を話し合う、アイデアを試合で試みる、試合後に振り返る学習でした。また、社会科の研究授業では、かつての東京五輪が成功と言われた理由を調べる学習でした。社会科資料集や教師の準備した資料の中から必要なものを探し、選び、加工してタブレット端末に書き込みます。4人のグループ学習ですから、道路や橋の経済効果、日本人のスポーツや暮らし、外国人への理解など、各自で必要な資料を探し始めました。そして、タブレット端末に映し出される自他の写真やことばを見ながら学習作業をおこなっていました。2つの授業で共通するのは、基礎基本と自ら学ぶ力の両方を必要とすることです。自らの課題として考え、知識や技能を使って表現し、振り返って考え直していました。子どもというのは、身につけた知識や技能を使って、チームが勝つとか、上手になるとか、あるいは、仲間と協力してさらに上手になることを繰り返してやれば、学力を伸ばし心も育ちます。これが、教師の何よりの喜びです。

公立の小学校にいた時のことです。自閉症の子どもがいました。声は出ますがことばが出ない子どもでした。3年生になり、新しい担任に出会い、しばらくしてことばが出るようになりました。子どもはその先生と出会って以来、いつも先生の腰のベルトをつかんでいました。どこに行ってもくっついて歩きました。かくれんぼが大好きで先生と毎日遊んでいました。しだいにクラスの子どもも加わり遊びました。「ああ。」が「ぼおぼお。」になり、それが、「あそぼう。」に聞こえるようになりました。子どもは、必ず変わるのです。

子どもの変容が教師の喜びです。子どもの変容は教師の教育技術を伸ばします。考えの幅が広がり、多様な子どもを受け入れ、育むようになります。学んだことを目の前の子どもにお返しするのが教師の営みです。

お初

新年を迎えました。新たな気持ちで学校は始業式を行い、子どもたちを迎えました。ところが、病気で学校の始まりに休んでしまった子どもがいました。2日目の朝、その子どもが、「校長先生、新年あけましておめでとうございます。」とあいさつしてくれました。始業式には間に合わない、でもきっと明日は行けると願ったのでしょうか。2日目ではあってもその子にとっては初めての日であり、ていねいなお辞儀やあいさつと笑顔を見て、うれしい思いをしました。それとともに、親御さんの家庭教育の確かさを感じました。

せっかくていねいにあいさつしてくれたので、このままではもったいないと思い、この子と少し話をしました。すると、新学期に何がしたいかを話してくれました。教室では、新年を迎えると、新たな決意を目標として立てます。昨年チャレンジしたけれど十分できなかった、今年こそはできるようにとチャレンジに気持ちを向けるのです。新学期を迎えれば、英語でも算数でも体育でも新しい学習が始まります。子どもにとっておもしろいことは、新しいことを知り、新しい発見をすることであり、やりたかったことができるようになることです。おもしろいと思ってチャレンジするのが子どもの学びの姿です。

工藤直子さんの詩「ことしのぼく」（たつのこたかし）〈注〉というのがあります。

◆まいあさおきたら　「うまれたて！」　みたいなきもちで　めをさまそう
…ってきめたんだ
ね、きみは　どんなこと　きめた？

たつのこたかしくんは新年の誓いをこう立てています。一日の始まりは、うまれたての気分で目をあける。体と心をまっさらにして、ぱちっと目をあけ、ぐんと背伸びして、天に突きぬけるように。たつのこたかしくんのことばを通して、工藤直子さんの思いが伝わってきます。工藤直子さんの書かれたものに、「新年というのはなにもかもがまっさらのお初というふうに見えて、わくわくしました。」とありました。

学校というところは、この「お初」が毎日あります。お初があれば、子どもは学びの姿を見せてくれます。だから毎日が楽しくて、少々心配事や困った出来事があっても乗り越えようとします。今日はどんな発見があるのだろうかと授業の始まりを待つ、今日はどんな新しいことを教えてくれるのだろうかと先生を待ちます。学校はお初がある、毎朝学校に来たら生まれてみたいな気持ちで教室に入る、そんなお初のある授業を創造していきたいと思います。

注

「ことしのぼく」（たつのこたかし）…『のはらうた』（工藤直子 作）に収録されている詩

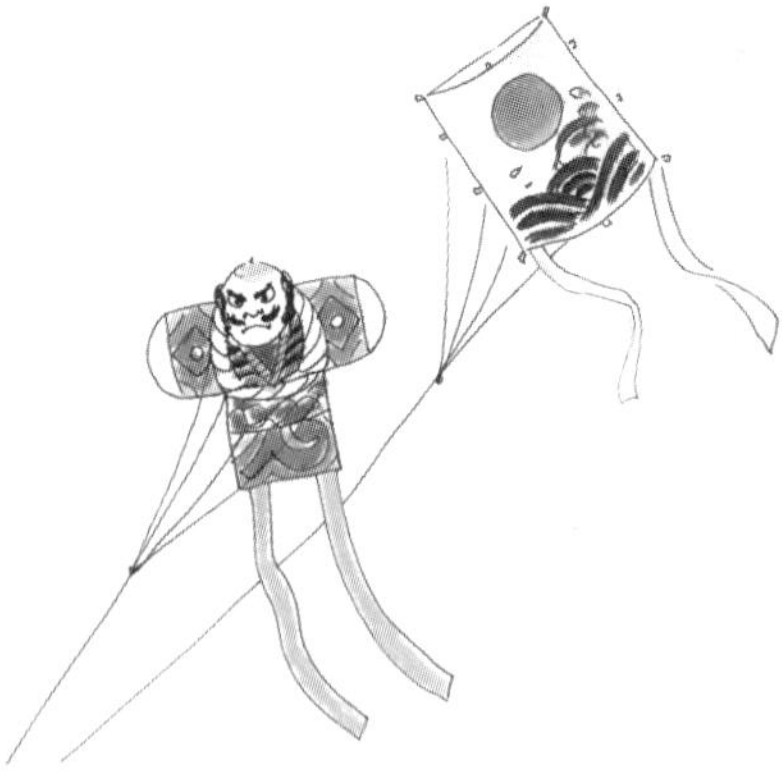

いてもらいたい人

世の中には3つのタイプの人がいます。いてもらうと困る人、いてもいなくてもいい人、いてもらいたい人です。学校は、自立し社会貢献する人を育てる場ですから、3つ目のいてもらいたい人になるためにあると言えます。

子どもたちは、授業を通して学力や品格を身につけ、自立・貢献を目指していますが、授業以外の時間、たとえば、休憩時間でも学びの時間になります。休憩時間は遊びの時間でもあり、遊びを通して学ぶことは自明のことです。遊び以外の活動もあり、学びの時間になっています。黒板の文字を消して次の授業に備えることや学級文庫の本の整理をすること、あるいは、クラスの誕生日会を企画することなど、クラスの役割を担う係活動というのがあります。クラスのみんなのために役に立つ活動で、あなたがいてくれるからみんな助かっていると教師は折を見て評価しています。いてもらいたい人になる学びの場です。クラスを越えた委員会活動もあり、これも休憩時間に当番を決めて、5、6年生が活動しています。図書委員会での読書まつりの企画は、お楽しみ袋でした。デパートの福袋をヒントに本のお楽しみ袋を準備していました。教師が仕組んだやらされる活動ではなく、自分がやりたくてやっており、多くの人に本を読んでもらいたい、もっと本が好きになってほしいと願っていました。5、6年生が、1年生の袋にはどんな本を入れようか？6年生にはこの本がいいねと本を選定していました。

先日、2年生の授業を見に行きました。うっかりペンを忘れたので教室の子どもに鉛筆を借りました。授業が終わり、「ありがとう。」と返したら、この子どもも「ありがとうございました。」と言いました。物を貸した人がありがとうと言うのはどうしてでしょう。この子は私の役に立つことができて、ありがとうと言ったのです。人の役に立つことができたことがうれしかったようです。また、こんな感謝もありました。朝のあいさつで、1年生がていねいにお辞儀してあいさつをするので、1年生に「ていねいな礼とあいさつができました。」と言いました。その1年生が「ありがとうございます。」とお礼を言うので感心していますと、そばにいた姉も、「ありがとうございます。」と答えました。姉に聞けば、母から弟にできていないことを教えてやりなさいと頼まれていること、そして、教えたことが弟のためになっているからうれしいと話してくれました。

このような係活動や委員会活動、そして、授業など様々な場面で人のためになる活動をやりたくてやる子どもが増えてきました。5、6年生になれば掃除はだまってやっています。これは、1年生からの教育活動の積み上げがあるからできるのですが、その背景に家庭の力があります。母の役に立ちたいと言う姉のように、子どもがいてもらいたい人として認められている家庭があるからです。一方、人の役に立つ働きをする親御さんを子どもは見ています。いてもらいたい親がいるから、自分もそうなりたい、学校でもいてもらいたい人になろうとするのです。

良い悩み方と悪い悩み方

子育てに悩むことは誰にでもあります。悩みには、良い悩み方と悪い悩み方があります。良い悩み方というのは、子どもの見立てが客観的で、この子はこういうときに問題を起こすのだなと理解し、それならと対応することです。この見立てをしつつも、一方では、子どもを丸ごと受け止めて共感し信頼を寄せてやることです。この客観と主観から見立てと指導が生まれます。悪い悩み方というのは、一人で頭を抱え、困った行動を思い返し、どうすればよいかをあれこれ考えることです。しまいには、子どもと笑顔で向き合えなくなります。笑顔のない大人と向き合う子どもはどれだけつらいか、想像されるとおりです。

宿題を忘れる子どもがいます。10人中9人は、親や教師の励ましで子どもの意識を高めて改善しますが、簡単にはいかないことがあります。子どもが宿題忘れを繰り返す。忘れるので叱る。学校に残してやらせる。子どもは約束をすっぽかす。親御さんの力を借りて、家で毎日宿題を見てもらうことがあります。自分からやろうとしないので、教師は頭を抱えて、どうすればよいかいろいろ試しますがうまくいかないので、指導力の無さを感じます。親も先生の手を煩わせて申し訳ない、私の子育てが悪かったと自分を責めてしまいます。ことばや態度が乱暴な子ども、朝起きられず遅刻する子ども、言うことを聞かない子ども――いろいろ悩みはありますが、事態が改善しないと、親や教師は子どもを困った子としてみてしまいがちです。

かつて、クラスの子どもと関わらず、ひとりで過ごす子どもがいました。まわりからはちょっと変わった子と見られていました。なぜなら、授業中に奇声をあげることがあり、遊んでいても突然その場を離れることがあったからです。まわりから嫌われているのではなく、ひとりで本を読むこと、好きな絵を描くことも楽しいようでした。4月、その子どもと出会い、しばらくすると私にくっついて歩くようになりました。休み時間に職員室に行くときも校庭で遊ぶときもついてきます。そうするうちに、授業に身が入り、宿題を毎日やってくるようになりました。宿題のノートを抱え、今日のはよくできたと見せに来るようになりました。相変わらず、ひとりで本を読み、好きな絵を描いていましたが、奇声をあげることはなくなりました。仲間と一緒に校庭を走り回るのは楽しそうでした。なぜ、子どもは変わったのか?――私にはこの子どもに合う教育技術がなく、的確な教育内容もありませんでした。その分、悪い悩み方もしませんでした。子どもの様子を見て、ちょっと変わった行動とは思いませんでした。

子どもは変わる、大人の見方が変われば子どもは変わる――子どもへの悩みがあれば、私たち大人は、困った子だと出来事を思い返すのはおしまいにして、子どもと笑顔で向き合うことから始めます。悩んでいるときは、子どもの見方を変えていくようにしています。

思考をことばに

6年生と話をすると、話す聞く能力が身についているので話が前に進みます。よそ道にそれそうになっても誰かが元に戻してくれますし、ひとつのことをじっくり話せることもあります。今読んでいる文学作品の話であれば、人物設定や話の展開のおもしろさを説明してくれます。地理や歴史の本やニュースの話題であれば、数人で自分の持っている情報を伝え合い、自分はこう思う、こうなってほしいと話しています。こんな会話をしていると、ていねいに的確に話すことやていねいに聞くこと、そして、日記や作文を論理的に書くことをやってきた手ごたえを感じます。思考する子どもにするには、ことばの指導が最も大切です。授業で使うことばや家庭生活を含めた日常のことばが思考力を高めます。

1年生や2年生については、「楽しかった。」と話す子どもにしないと肝に銘じています。テレビのニュースで、子どもがおもしろい体験会に参加したときに「どうでしたか。」と質問され、「楽しかった。」と答えるシーンを目にします。質問に対して考えているとは思えません。おそらく日常生活でも「楽しかった。」と、お母さんや先生に答えているのではないかと思います。お祭りのみこしかつぎやイチゴの収穫などおもしろい体験をして、自分の目で見て、味わって、全身を使って、わくわくする体験だったとしても、ことばで表現することを学ばなければ、体や心で感じたことを思考することができないので、豊かな体験になりません。「この前、節分の豆まきをしました。」と話す子に、「どうでしたか?」と質問したら、「節分クイズがあって全問正解だと思ったら一問まちがえました。それから先生が鬼になってみんなが豆を投げました。そうしたら鬼が痛いと言って逃げて行ったからおもしろかったです。」と話せる子にしています。

子どもというのは、大人がていねいに話を聞き出してやれば、話せるようになります。初めは一問一答ですが、話すことが好きになれば、質問を重ねてやります。大好きな人から質問をされれば自らことばで考えて答えようとするので、表現する力を身につけていきます。学校から帰ってきた子が、「楽しかった。」と言えば、「よかったね。」で終わらず、「何があったの?」と問い、話をさせます。答えがひと言で終われば重ねて問い、「それで?」と促すこともします。そのうち、質問しなくても「楽しかった。」に続けて話をするようになります。

昼の食事時間に、財布を持って校庭を走っている2年生に出会いました。学校では食事時間に買い物に行くのではなく、休み時間に行くことになっています。「どうしたのですか?」の問いに、「売店にのりを買いに行きます。休み時間に行くのを忘れていました。」と答えたので、「よく話ができました。よくわかりました。これだけ話せたら賢くなりますよ。」と伝えました。よくないことでも話せる子です。よくない点は改める子になります。そして、自ら考える力、思考する力が身についてきます。中高生や大学生になって、人に信頼され、プレゼンする力がつきます。将来何かを実現するためには、人からの信頼とことばで思考して伝える力が必要です。

受けとめて考える

「素直に聞く」という言い方があります。話を正しく聞くことに加え、内容を受け入れることを「素直に」と表しているのだろうと思います。ここで気をつけたいのが、素直に聞くことを大人の都合に合わせていないかということです。大人の指示通りにすることを素直に聞くと言っているかもしれません。子どもに対して「素直に聞く」を使いますが、大人に対して「素直に聞く」とは言いません。大人の思い通りに子どもを支配する心が多くの人にあるのかもしれません。そして、子育てが終わった多くの人は、子どもというのは素直に聞かない、思い通りにならないと言います。教師も思い通りに子どもを授業で活動させようとしますが、うまくいきません。想定外の反応があり、それがおもしろい授業になることもしばしばです。そもそも人は、自分の思い通りにはならないものです。子どもであっても自分の力で考えて活動するわけですから。

卒業生が学校を訪ねてきました。「卒業後、いろんなことを中高、そして、大学でやってきた。」

と話してくれました。特に体育祭は毎年力を入れ、高校3年生になってもクラス対抗の演技では全員の衣装にスパンコールを貼り付け、そのあとも、文化祭では裏方で演劇をやり、生徒会でも生徒会長を動かし、大学ではドラムをたたき……。「先生、骨っておもしろいですよ。大学で骨に出会い、私のやりたいことは、これだと思いました。これからも骨です。骨をやりたいんです。」

これまでの自分のもとは小学校の時にあったと言います。
「科学研究で好きなように先生はやらせてくれました。朝読書でも好きな本を読ませてもらい、運動会のあいさつも私の思い通りに言わせてもらいました。やりたいことは何でもできるんだと思いました。」

「それから、トイレのスリッパをそろえた時に先生に言われた、『あなたは、えらい。人の気がつかないところに気がつく。』のことばを忘れません。幼い時から私はおじいちゃん、おばあちゃん子でした。おばあちゃんに履物をそろえなさいと言われても、あまり気が進みませんでした。あるとき、学校でスリッパを何気なくそろえていたら、『えらい。』と言われ、おばあちゃんの言うことは、先生に褒められる、よいことなんだと思いました。先生のことばから、おばあちゃんの言うことを聞こうと思いました。おじいちゃんとおばあちゃんに育てられて感謝しています。大学も県外にせず、２人のそばにいようと決めました。私、これからもずっと広島にいますから、また、来ます……。」

卒業生は、やりたいことはなんでもできる、「えらい」のことばが私を変えたと言います。しかし、変えたのは、ことばを素直に受けとめ、そして、考えた、この人の聞く力です。

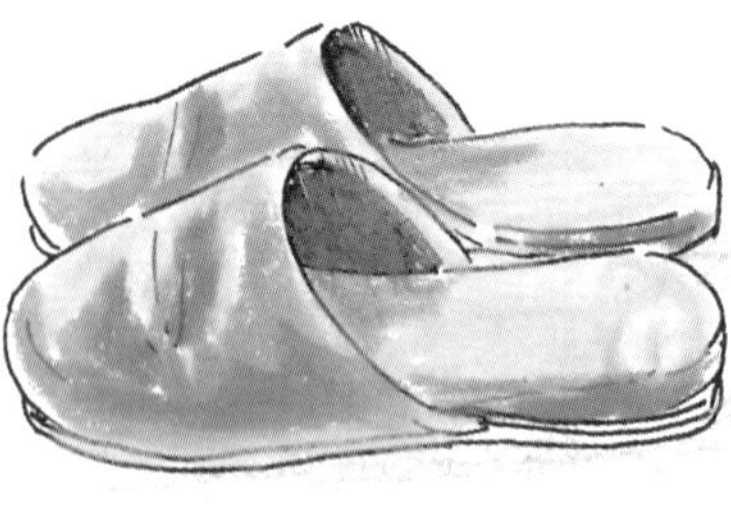

苦手の取り扱い

苦手なものは誰にもあります。できないことを苦手と決めつけて、苦手意識を持てば、できないことがどんどん増えて、本当に苦手になってしまいます。苦手意識を持ってしまえば、できないことにチャレンジするのは難しく、やる気をなくしてしまうことはしばしばです。こう考えると、学校は、苦手意識を持たせず、できないことをできるようにする力をつけるところだと言えます。学校の授業は、今持っている知識や技能を総動員して、できないことにチャレンジし、新しい知識や技能を身につけていきます。

マラソン大会当日に体調を崩したのか欠席したため、後日走った子どもたち数人がいました。スタートしてしばらくするといちばん最後になり、ラスト一周でひとりになった子どもは走るのがつらいようでした。一旦止まりかけたのですが、また走り始め、ゴールまで走り切りました。順位は最下位ですがやり通した、すがすがしいマラソン大会でした。教室に戻る途中、友だちや担任からよくやったと声をかけられ、いっそうすがすがしいものになりました。このすがすがしさを感じた者は、また苦しい時が来ても力が出せます。様々な学習や生活の中で生じる、できないことにチャレンジしようとする人になれます。チャレンジに苦しさはつきものですが、チャレンジは壁を乗り越える力をつけます。楽なことをやっても力はつきません。

かつて、体育が苦手な子どもがいました。マラソンが特に苦手でいつも後ろを走っていますが、苦しいながらもにこにこして走っていました。体育の後、「先生、ダイエットしてきました！」と言っていました。大人になって、先日学校を訪れ、体育の授業の話になりました。「体育は苦手だったけれど、嫌だったことはありません。一輪車と縄跳びは結構上手になりました。楽しくて必死になってやっていました。マラソンは自分でペースを決めて走れるから楽しかったですよ。きょうはこのくらいのペースで走ってみようと考えていました。遅かったですけどね。」苦手でも楽しいと思う心の持ち方をしていたようです。

4年生のマラソン大会のあと、子どもと話をしました。順位を聞けば下位の方でした。「体育は嫌いですか。」と尋ねると、「嫌いではない。」と答えたので、重ねて聞きました。「苦手なものはあるの？」「はい、ボール運動が苦手です。サッカーでうまくボールが蹴れません。空振りすることもあります。でも、楽しいです。チームでパスをしてゴールするのが楽しいです。協力してできるのがボール運動の楽しいところです。」

苦手なものは誰にでもあります。できないことに対して苦手意識を持てばできないことを増やします。そうではなくて、できることをひとつ増やしていくことに心を向けます。苦手でも楽しいと思う心の持ち方は簡単ではありませんが、できないことにチャレンジすることならできます。チャレンジしてやり通した体験の積み重ねが人を成長させるのだと思います。

「ありがとうございます」の指導

新幹線でのこと。乗るはずだった列車が不具合で出発しないとわかり、次の列車をしばらく待ってから乗りました。約束の時間に間に合うかと時計とにらめっこしていると、生後間もない赤ちゃんとそのお母さんが隣の席に来られました。大きな荷物を抱えておられたので置くのを手伝うと、「ありがとうございます。」とそのお母さんは赤ちゃんを抱えてお礼を言われました。赤ちゃんは穏やかな顔でよく眠っている様子でしたが、ううんと背伸びをするようなしぐさをしたので、お母さんは、「ううんしたね。大きくなるのね。」と声をかけておられました。隣の私もつい声をかけたくなるほどの健やかな赤ちゃんと喜びに満ちたお母さんとの出会いでした。列車の不具合による時間の遅れにいらいらしていたのですが、この出会いのおかげで、私のほうこそ、「ありがとうございます」の心持ちでした。

担任をしていたときのこと。「下校中にＪＲの列車の中で子どもが騒いでうるさい、学校での指導が足りない、マナーを身につけるよう徹底して指導を。」と苦情の電話がありました。

子どもというのは、仲良しとの学校帰りになると話に夢中になり、声も大きくなることがあります。その子どもたちは、いけないことだとは分かっているので注意をして様子を見ました。するとと、また、列車の中で騒いでいたので叱りつけました。改善しなかったので、親御さんにお願いして毎日声かけをしていくことにしました。静かに過ごす意識を持たせ、習慣がつくまで続けました。善悪の判断をつける指導は必要なことですが、今思えば、「ありがとうございます」の指導をしなかったことに悔いが残ります。

先日、「バスの中で子どもが騒いでうるさい。」と苦情がありました。そのバスに乗ってくる子どもたちに尋ねたところ、もしかしたらぼくかもしれないと名乗ってきました。バスの中で友達としゃべっていたから、それが騒がしかったのだろうと言いました。断片的に話したので、出来事を整理するために、もう一度バスに乗った時から順序立てて話をさせました。「自分から名乗ったことが立派です。それから、騒いだのではないかと思った出来事がていねいに話せました。」と言って指導を終えました。その子どもは、「ありがとうございました。」と言って帰りました。「ありがとうございました」とは、「わからなかったことに気づかせてもらい、ありがとうございました」という意味です。

叱ることもありますが、「ありがとうございました」の指導もしています。子どもの間に、「ありがとうございました」が少し根付いてきました。玄関前を朝掃除していると、4年生が、「私にやらせてください。」と掃除をはじめ、「ありがとうございました。」とほうきを返しました。「玄関前の道をおにごっこで走ると滑って危なかったのですが、校長先生にほうきを借りて道の砂を掃いてきれいにしたら滑らなくなりました。」と言います。「ありがとうございます」の指導は、子どもの心を変える力があります。

読み聞かせ(1) ――とっておきの話――

子どもは話を聞くのが好きです。5年生と理科で扱う電磁石の話をしていると、まわりの子がおもしろそうだと加わってきます。子どもというのは、好奇心が強く、興味の幅は大人をはるかに超える広さです。大人がとっておきの話をしてやれば、身を乗り出して聞きます。月に2回全校児童に話をする機会があるのですが、4年生に「今度の全校朝会の話は何ですか?」と尋ねられました。なぜ次回の話題を聞くのか不思議でした。その4年生は、「この前の話はおもしろかった、次もおもしろい話をしてほしい。」と教えてくれました。身を乗り出すような話を毎回というわけにはいきませんが、本であればいくらでもおもしろい話があります。本というのは作者がとっておきの話を渾身の力で書いているのですから、おもしろいものがたくさんあります。絵本、物語、詩歌、自然科学、社会科学、芸術、スポーツ……幅広く、子どもの心をつかみます。

話を聞く子になってほしいと親も教師も願いますが、よく聞く子にしたいなら、幼いうちから語りかけてやります。幼い時の本の読み聞かせは、親から子への語りかけです。読み聞かせは、よく聞く子に育てることになります。本を通しておもしろい話をしてやるということです。学校の授業は1コマ45分で、そのうち話を聞く時間は10分程度です。教材を読むこと、考えを書くこと、考えを話すこと、作業をすること、様々な学習活動があり、話を聞く時間はそう多くはありません。特に1年生は10分続けて話すと集中できなくなるので、話の合間に映像や学習作業を入れておいて、話を聞かせます。しかし、本の読み聞かせであれば10分でも続けて聞きます。落ち着かない子でもだんだんと読み聞かせを聞くようになります。2年生以上になれば1コマ45分読み聞かせをしても聞きます。本はおもしろいとわかっているからです。

1年生の担任のときは、帰りの会で読み聞かせをしていました。帰り支度をした子どもは教師が本を手に取ると集まってきます。少々騒いでいても読み聞かせが始まれば、おとなしくなります。1年生ですから教室のルールを身につけるときです。教室は、走り回るところではないこと、大声を出すところではないことを学ぶのですが、読み聞かせを続けていると、騒がなくなります。静かに座って待つ子どもになります。教師から注意されることも子どもにとって大事な気づきですが、考えて行動をとることが少しずつできるようになる年齢です。室内では走り回らないことと落ち着いて話を聞くという教室のルールを学びます。

とっておきの話で子どもが落ち着く。話を聞く子になる。聞くといいことがあるから耳を傾ける。とっておきの話の読み聞かせで、子どもは好奇心を広げ、感動します。読み聞かせで、受け身ではなく、主体的に聞く子どもにしています。

読み聞かせ(2) ――教室文化が生まれる――

教室に読み聞かせの時間があれば、教室文化が生まれます。春に向けて桜の花芽が膨らむ季節に、桜に関する本を読めば、子どもは桜の木を探して本に書かれていたことを観察するようになります。本から花芽と葉芽があることを知れば実際に違いを確かめて、教室に帰って教えてくれます。感動したことは、きっと保護者に話を伝えるはずです。保護者からは目の前に咲いている梅の花に目を向けさせ、梅にはないけれど、桜には花の軸があることを教えてもらうかもしれません。そうして、教室で保護者から教えてもらった梅と桜の花の違いについて、教師に伝えることでしょう。図書室で梅と桜の本を探し、比べて見るかもしれません。桜の花が咲くのを心待ちにするかもしれません。こんなふうに、1冊の本から子ども同士で本から得た知識や見聞きした情報を共有する教室の文化が生まれるのです。

教室文化が生まれると、本好きの子どもが増えてきます。「きょう、先生はどんな本を読んでくれるだろう。」「この話の続きは、どうなるのだろう。きっと……。」読み聞かせの時間は楽しみな時間になります。子どもがいつもの場所に集まってきて、教師が昨日の続きのところを開けようとすると、「きょうのお話は、エルマーが島でライオンと出会うところからだよ。」と、昨日の楽しみを今日に持ち越すようになります。

「先生、つぎは、この本を読んでください。」と、読んでほしい本を持ってきます。その子のとっておきの本です。みんなにも先生にも、この本のおもしろさを知ってほしいと思うわけです。自分が楽しむことから、人に楽しんでもらいたい、人に楽しいことを伝えたいと思いが変わってきます。日記に読んだ本のことを書く子もいます。感動したことは表現したいものです。それが教室の仲間に伝わり、家庭の親御さんに伝わり、本のことが学校でも家でも話題に上がるようになります。

学級の本棚には、いろいろな読み物を入れておき、幅広い読書活動ができるようにしておくのですが、初めからいろいろ読む子どもはいません。おもしろさにもいろいろあって、場面のおもしろさ、ストーリーのおもしろさ、人物の考え方のおもしろさ、情景描写のおもしろさ、ことばの表現としてのおもしろさ、主題のおもしろさがあり、発達や個性によって好みは違うので子どもの選ぶ本は偏ります。初めから手を伸ばさないものがあって当然で、手が伸びなかったものに手が伸びるのが教師の楽しみです。読み聞かせをした本は、教室の本棚のきまったところに収めておきます。おもしろいと思えば、手に取りたくなります。教室の仲間が、「読んでください。」と、持ってきた本は読みたくなります。

読み聞かせと教室環境を整えていくと、子どもと子ども、子どもと親御さんがつながり、子どもと教師、本の教室文化が生まれます。学校文化と家庭文化が知的で潤いのあるのものになります。

読み聞かせ(3)　――読み聞かせの心得　その1――

読み聞かせについて質問されることがあります。どんな本を読めばよいのでしょうかと尋ねられたら、子どもが興味を示すものを読んでやってくださいと答えています。動物が好き、月や星が好き、自動車が好きと、どんな子どもも興味を示すものがあります。以前、かこさとしさんの「かわ」という本を何度も読んでくれと持ってくる子どもがいました。山から始まる川が海までたどりつく流れと途中の風景を絵とことばで表した作品でした。読み聞かせをしながら繰り返し読みたくなる作品とは思えなかった記憶があります。しかし、一つひとつの風景の描写に着目してみれば、細かいところまで描かれています。自分の体験と繋げて読み、そこに今いるかのように音まで聞こえてくるようでした。そんなことがあって、かこさとしさんの「みずとはなんじゃ?」の話を読み、ふだん目にしているものが実は興味深いものだと、読み聞かせを通して知りました。興味のあるものを読むことの一方で、読むことで興味を持つこともあるのです。また、名作と言われるものや書評でおすすめのものを大人が選んでやることもいいと思います。ただし、名作なのだから読ませなくてはならないと思えば、子どもも大人もつまらない読書になります。今は3月だから、春のものを読んでやろうというように気軽な選び方でよいと思います。かこさとしさんの本なら読むけれど他の本は読まない子どもであっても、読み尽くせば他の本にも興味を示すようになります。

では、どんな時に読めばよいのでしょうか？子どもの心が落ち着く時間であれば、いつでもよいと思います。毎日読むのであれば、決められた時間にします。これから楽しい時間が始まる雰囲気を作ります。本を読みたがらない子どもがいますが、本が嫌いなのではありません。本のおもしろさを知らないだけです。読み聞かせを始めれば、本はおもしろいことを知り、「これ、読んで。」「もう一回読んで。」と言うようになります。

かつて、帰りの会で一日を振り返り、叱っていました。帰りの会で読み聞かせの時間をとるようになると、叱る回数が減りました。その多くは小言で言わなくても済むことです。読み聞かせを始めると、一日の学校生活を充実させることに心を向けるようになりました。子どもにとって読み聞かせは楽しい時間であり、読み手にとっても楽しく、ゆとりのある時間でした。

読み聞かせは、読んでもらう人と読む人のどちらも楽しい時間です。どちらも本の世界に入ることができます。主人公について語ることができます。何を読もうか悩むことはありません。どんな時に読もうか考えなくても、いつでもよいと思います。声に出す人と聞く人の関係ではなく、一緒に本を読むのが、読み聞かせです。

読み聞かせ(4) ——読み聞かせの心得　その2——

読み聞かせをするとき、どのように読めばよいのでしょうか？

親御さんが「子どもに読んでいるとよそ見をするので、市販のCDを聞かせた方がよいのでしょうか。」と言われたことがあります。私は、親の声がいちばんだと思います。俳優やアナウンサーの声は聞かせる声ですが、それでも親の声に勝るものはありません。プロの声は、大きさや速さ、間、強弱、明暗があって見事ですが、私たちは、目の前の子どもの表情を見ながら読むことができます。子どもは、本の中の絵をじっくり見ていることがあります。絵からの情報を集め、部分を見て、全体を見て、絵の持つ意味を理解しています。また、ことばから場面の様子を想像しています。書かれたことばを手がかりに、書いていないことばを見つけ出していることもあります。絵やことばの意味を理解し、想像し、発見があるから、本はおもしろい……。子どもの読みを表情で感じながら声に出せるのが、市販のものにはない良さです。

文学作品の場合、設定とその後の展開や山場を前もって頭に入れておけば、声の大きさや速さは自然とできます。強弱や明暗は意識しなくても構いません。プロの朗読会は表現であり、聞く者はその読み声を味わうのですが、読み聞かせは作品の表現ではなくて、作品の理解です。読み手も聞き手も「読む」ことをしているのです。読み手だけの解釈で抑揚をつけた読みは、かえって子どもの読みの邪魔をしていることになります。読み聞かせをするとき、本の世界に半分入って、もう半分は子どもの表情を見ることを意識します。そうして、自分も理解しながら読み、子どもに理解を半分任せるのです。

先に、読むことは、「絵やことばの意味を理解し、想像し、発見がある」と書きました。間を大事にしています。絵本のページをめくる間には、特に気をつけています。1対1で読むのであれば、ページを子どもにめくらせることもあります。絵本の場合、ことばよりも絵が大事なページが多くあります。物語文だと、初めにことばで場面設定や人物設定があるのが一般的です。それが絵本となると設定はことばでなく、絵に込められているものがたくさんあります。また、裏表紙の絵がストーリーの結末と強く関係しているので、裏表紙もていねいに読ませてやります。絵を読む間をとることで、本のおもしろさが広がります。

『ともだちや〈注〉』の作者、内田麟太郎さんから伺ったことですが、降矢さんの絵で、この作品が内田さんの想像を大きく超えたものになったそうです。「ともだちや」には、主人公のキツネの誰も思いつかないようなスタイルで、いきなり目に飛び込んできます。文には、ともだちやの商売をするキツネの頭につけた大きな旗指物も、手に持つ明るい提灯も、腰の派手な浮き輪も書かれていません。友だちのいない初めの設定のキツネと心からの友だちを得た結末のキツネが見事に対照的に描かれています。優れた作品をどのように読むかは、私たちに任されています。書かれているものをこちらが受け止め、どう解釈するかは、読み手の楽しみです。どのように読むかは、どう楽しむかに置き換えられると思います。

注

『ともだちや』…偕成社から出版された絵本。内田麟太郎 作、降矢なな 絵。

読書で育つ力

国語力をつけるためには読書をする、いろいろな読み物を読むと国語力がつく。このような読書と国語力を結びつけた話を聞くことがあります。確かに、国語力の高い子どもは、よく本を読みます。ただ本をたくさん読めば国語力はつくとは言えません。自分の読む力に合った、読み応えのある本を読めば国語力はつきます。読書が子どもの力になるのは、間違いありません。では、読書でどんな力がつくのでしょうか。

読書は、ふだん体験できないことが体験できます。本の世界であればどんな体験もできます。どこにでも行けるし、見ることのできないものも見られます。広く果てしない想像の世界です。また、本の中の登場人物を励ますことやいっしょに喜び合うこと、語りかけることもできます。子どものうちの体験は、子どもの可能性を掘り起こす鍵を握っています。感動的で創造的な体験をたくさんできればよいのですが、そんなにできるものではありません。本であればそれが可能です。ときには本での体験が本物の体験を超えることがあります。ものの考え方や生き方に影響を与えることさえあります。体験としての読書は子どもに生きる力を与えるのです。

読書は知識を増やします。昆虫や電気、宇宙が出てくる科学的読み物には、初めて知ることがたくさんあります。興味がある本を読んで、関心を高めてもっと読みたくなる読書です。逆に、たまたま宿題に出た夏の星座を調べることから興味を持つようになる場合もあります。知識は、学びでも生きる上でも力になります。

読書はことばを増やします。本を読むうちにことばと事象が結びついてきます。ことばにはどれも意味があって、こういう使い方をするのだとわかるようになります。文学作品には、子どもの心に残る印象的なことばが使われています。優れたことばの表現は、子どもの心を耕します。子ども自身が優れたことばを使うようになります。我が子がいつの間にこんなことばを使うようになったと感心しますが、これは、読書から獲得したことばが多いのです。

読書は考える力をつけます。「遠足はどうでしたか？」の問いに「楽しかった。」と答える子どもがいますが、これは考える習慣のない子どもです。本を読む子どもは、人物の設定をつかみ、場面の様子や展開を想像し、人物の言動に共感します。10歳くらいになると、結末を読んでこれで良かったのだろうかと問いかけることもあります。読書で考える子になります。

読書は想像力をつけます。本の中のことばから想像し、自分の経験と合わせてここに書いてあることはこういうことなんだと理解します。気に入った本は繰り返し読み、読むたびに新しい発見があります。読書で想像の翼が広がるのです。想像することで人間は人間らしく生きていけます。

新しい人

今年の6年生は、今までにない行動が見られました。主体的に物事を考えて行動をしていました。学校の授業は、決められた指導内容を子どもに教えます。学習課題を与え、学習内容を指示し、学習方法を身につけさせ、学習活動をさせます。こうやって教師から子どもに一方的に教えても、学習活動のおもしろさがあれば子どもは生き生きと学習しますが、学習意欲はいつまでも続きません。ですから、教師はすべてを指示して教えるのではなく、子どもが育つ視点をもって授業をします。たとえ、教師から与えた学習課題であっても、その学習内容と学習方法は自分で考えて、学習を進めていくこともします。

6年生の社会科の授業で、1964年の東京オリンピックは成功したと言われているが、本当に成功したのだろうか、オリンピック成功の根拠を調べようという課題が出されました。教師から紙の資料が1枚配られただけで、あとはタブレット端末を使って4人のグループで調べる作業を始めました。資料の見方や学習方法の確認もなく作業が始まりましたが、ある子は新しい橋や施設の建設を、それを見て経済効果を別の子が、それならと選手の活躍やスポーツの発展を調べていました。大人がチームで仕事をするかのようにやっている6年生たちと若い教師の授業に驚きました。

本をもっと読んでほしいと願い、6年生が図書室にお楽しみ袋を置く企画を考えました。お楽しみ袋は学年ごとにあり、袋の中には本が入っています。図書室の本をたくさん読んだ人は、お楽しみ袋を開けて読むことができます。袋はファンタジーや冒険ものなどジャンルごとに準備され、一度袋を開けて読んで終わりではなく、何度も袋を開けたくなる仕組みでした。今年の6年生は、この企画をやりたいと提案し、その内容や方法を考え、手分けして準備しました。教師が手を貸し、指示してやらせることはなかったと聞きました。しかも、5年生も一緒になってチームで準備したようで、初めから最後まで子どもの力でやり通しました。これは、これまでになかった新しいことです。

人はなぜ学ぶのでしょうか。知識を得るためでしょうか。職業に就くためでしょうか。私は、自分がこの世で何を成すべきか見つけるために学ぶのだと思います。人から言われた目標を達成するために学ぶのではありません。自分の志を見つけるのです。これは、小学生にとって先の話ではありません。今、やりたいことを見つけ、それに向かって考えて行動する学びは、志につながっていきます。

子どもは自分の未来をつくることができます。主体的にチャレンジし、何者にもなれる可能性を持っています。新しいことを始めるのは若い人であり、新しい人です。

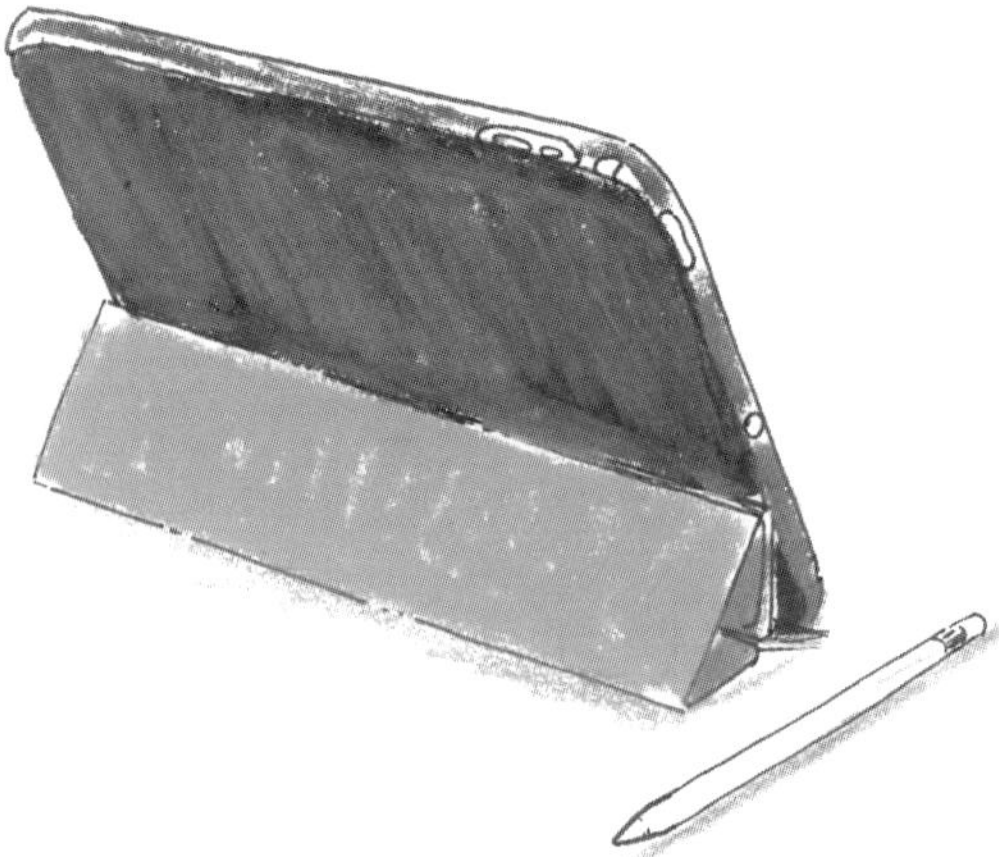

シーズン５

式を行う意味

春が来ました。空に向かって伸びるくすのきは、古い葉を落とし始め、新しい葉は光を受けて輝いています。学校は新入生を迎え、新しい年が始まりました。入学式を迎えた6年生はその日の日記に、「ぼくは新入生の受付係でした。最初に新入生を預かり、保護者に資料を渡しました。そして、新入生と入場して席に連れて行き、入学式が始まりました。長い入学式でしたが短く感じました。校長先生のお言葉は、新入生だけでなく、ぼくたちにも言えることでした。（略）小学校最後の入学式は楽しく感じました。」とありました。この6年生は、新入生を迎えた喜びと責任に加え、主体的な学びをしています。式中の新入生への話を聞き、自分のこととして受け止めており、「聞く」ということが主体的で、聞くことが学びになっています。「ていねいに聞く」というのはこういうことです。

入学式の次の日、上級生の姉が妹を連れて登校してきました。このお姉さんは、自分が1年生のときにはお母さんに連れられて登校していました。入学式から日が経つにつれて、子どもに付き添う親御さんが少なくなってきます。お母さんは「毎日付き添うのは良くないのでしょうか。」と聞いて来られました。「ひとりで通学できる力がついたら付き添いは要らないのですが、親子で楽しいときを過ごす時間と考えれば、毎日付き添うことに賛成します。」と答えました。いっしょに歩く道で、きょうはどんな授業があるのかを話題にして、そこには教師のことばが出てくるかもしれません。クラスの仲間のことや校庭で遊んだ上級生も出てくるかもしれません。今朝お母さんが作ってくれたお弁当の話もきっとあるでしょう。話を聞いてもらうことはうれしいことで、わかってもらうためにていねいに順序立てて話すことを学びます。それと同じく、話を聞くことも学びます。話題を見つけ、広げる力がつきます。いっしょに話すことが学習になり、毎日やってくる朝が楽しみになります。

そんなお母さんは、今年も付き添われるかと思いましたが、上の子にその楽しい役割をさせていると言われました。ことばで親と子がつながっており、これからもことばで信頼をつくる親子です。

入学式の後、5年生に「掃除について考える」授業をしました。掃除を15分で終わらせることにした〈注〉のですが、初日は15分では終わらなかったようです。学校を支える学年になって張り切っているところへ、課題が生まれました。掃除というのは、気がついたところを自ら掃除していくのだから時間はかかるものだけれど、時間の制約もある。順序立てて考える掃除がしたい。掃除は人のためにやるのだけれど、自分の勉強にもなると5年生は考えていました。

こんな子どもを目にすると、季節の分かれ目で、式を行うのには意味があるとわかります。新しいときを迎え、新たな気持ちでものごとを始めています。これまでの気持ちを整え、新しいことに向かって進んでいくために季節の分かれ目の式はあるとも言えます。

注

掃除を15分で終わらせることにした…この年、4月から下校時間を早めることを目的に掃除時間を短縮しました。短い時間でも効率よくきれいに掃除するにはどうしたらよいかを考える授業を行いました。

社会で育てる

「ていねい」をキーワードに聞く、話す、書く指導をしています。国語力を上げることは人間力を高めることになると考えてのことで、少しずつではありますが手ごたえを感じています。

朝、7時半に校舎の鍵を開けています。この時刻になると登校する子どもが50人ばかりいて、グラウンドに出て遊びたいので入り口の前で待っています。少しでも早く遊びたいので鍵を開けると先を争って教室に入る子どもがいました。しばらく続きましたが、6年生や5年生が一列に並んで待つようになると、先を争って入らなくなりました。そうすると、鍵を開けるときに「ありがとうございました。」と言う子どもが出てきました。我先ではなく、人数の多いときには並んで入ることを身につけた子どもですが、それに加えて、ありがとうが言えるようになりました。並ぶことで心が整えば、感謝の思いが湧いてきたのでしょう。良い習慣が身につけば、別の良い習慣も身につくのです。

そんな中で、ずっと以前から教室の鍵を開けるたびに「ありがとうございます。」と言う

2年生がいます。聞けば、「1年生の秋に校長先生から、よいことをしていただいたと思ったら、ありがとうございますと言うのですよと聞いたので、それからはよいことがあればありがとうございますを言っています。」と答えてくれました。半年も前のことですが、心に留めて努めており、話をていねいに聞く子どもにしていただいている家庭の力を感じました。

1年生の授業に行ったときのことです。授業が終わって教室を出ようとすると、1年生が、「ありがとうございました。」と言いました。どのクラスに言ってもお礼を言う子どもがいました。1年生の担任が私に、お礼を言ったのを見て、それをまねて言ったのかもしれません。あるいは、家庭で親御さんから教えられているのかもしれません。

課外授業の茶道教室の先生から手紙をいただきました。その中に、茶道教室では懐紙を忘れた子どもには隣の人から1枚もらうようにしていること、そして次のお稽古の時には必ず2枚返すように指導していることが書かれていました。このことで、子どもがどんなことにも気持ちを倍にして返すことに気づき、教室では他のことにも生かして臨んでくれているとありました。大人になって物を倍にして返すという意味ではなく、感謝の気持ちを持って過ごしてほしいと願っての教えです。

学校でお昼のお弁当に箸を忘れて、担任に借りに来ることがあります。そして、次の日に箸を返しに来るよう伝えるのですが、以前は返しに来ないことがありました。ところが今は、「ありがとうございました。」と返しに来ています。予備においている箸の数が増える教室もあります。

子どもは社会の宝です。家庭と学校で育てるだけでなく、いろいろな場で子どもは学んでおり、社会全体で子どもは育てられているのだと思いました。

ていねいに的確に話すことを大切にしています。例えば、遊んでいる子どもがいて、そばにいる人に、「子どもを見ておいて。」と言ったとします。そこには、子どもの安全を確保する意味が含まれています。ことばを身につけていない子どもに「子どもを見ておいて。」と頼めば、子どもが危ないことをしたとしても、ただ見ているだけになります。学校ではことばが伝わらずにお互いの思いがずれてしまうことがあり、失敗も糧にして、話す力をつけています。

学校内の問題だけではありません。これからは、言語や文化が異なる人とコミュニケーションをとって、社会生活を行う時代です。相手に伝えたではなくて、相手に伝わる話し方が必要で、伝えたいことについて何をどう話すとよいのか、組み立てて話すことが求められます。つまり、論理的な思考が求められるということです。「子どもを見ておいて。」では伝わりません。子どもが公園から飛び出すかもしれず、子どもが危ないことを起こす可能性があることを伝え、そうさせないためにどうするとよいかを伝えることが必要です。伝える力は、自分が問題点を見つけ、どう対応し、結論まで導くか、思考する力から生まれます。うまく伝わらなければ、もう一度言い直せばよいのですが、何が伝わっていないのか見きわめて、修正することが必要です。これも論理的な思考を要します。

プログラミング教育ということばをよく聞きます。プログラミングを体験することで、ドローンが飛ぶのも、品物を注文すれば家までとどけられるのも、プログラミングされているからできることなんだ、とわかるようになります。しかし、もっとも大事なことは、プログラミング教育で論理的な思考力をつけることです。ロボットは、筋道を立てて、一つひとつ的確な指示があれば思い通りに動いてくれると学びます。失敗がはっきりわかるのでゴールにたどり着く道筋を見つける力がつきます。ロボットを動かすという、考えたくなる活動があり、論理的思考の必然性があります。論理的思考の訓練ができます。どんな複雑な難しい動きをするロボットのプログラムでも、一つひとつのパーツから成り立っている、とすれば、社会に出て大きなプロジェクトを任されるような難題にあたった時、どこから手をつけようかと悩んだとしても必ず問題点を見つけ出し、解決までの道筋を考え出す人になれます。

初めに挙げた、ていねいに的確に伝える力は授業や学校生活で身につけさせていますが、道半ばです。プログラミング教育は、難しい「話す指導」の突破口になるかもしれません。プログラミング教育は、論理的な思考を要する学習にプラスになるはずです。

あいまいなことば、ていねいなことば

ことばには意味があって、ていねいなことばで的確に話せば、考えが通じ合います。逆に、あいまいなことばを使えば、相手に誤解されることがあります。相手に「ちゃんとやって！」と言っても「ちゃんと」とはどういうことを指すのかあいまいなので、「ちゃんとやってるじゃないか。」と言い返されます。「こっちにこないで。」といえば、存在を拒否されたと受け止められます。ていねいに的確なことばを使えば、わけがあって今はそばに来ない方がよいことが伝わったのにと、あとになって振り返ることがあります。

4年生の生活ノートの日記に友だちの良さが書かれていました。そこから、ていねいなことばは、人との信頼を生むことを教えてくれます。

・体育のボール投げで1回目は19ｍだった。みんなが「〇〇くん、がんばれ」と勇気をくれたので、21ｍまで投げることができた。やはり、応援の力はすごい。

・生活ノートを学校放送で読む人が2人にしぼられ、2人はじゃんけんで決めた。負けた人が

笑顔で、「〇〇さん、がんばってきてね。」と言っていた。私だったらくやしくて、がんばってとは言えないが、それをがまんしていったのがすごいと思う。

・入学したころは同じ幼稚園の友だちと仲良くしていたが、今、ほとんどの人と友だちになった。ぼくが落ち込んでいるときに、「だいじょうぶ、だいじょうぶ。」と声をかけてくれた友だちがいる。「いっしょに遊ぼう。」と誘ってくれた友だち、けがをしたときずっとそばにいてくれた友だちがいる。

人を好きになり、人を大切にすることが、ことばを使ってなされています。

私たち教師もあいまいなことばを使うことがあります。「ちゃんとそうじをしなさい。」と言いますが、子どもに伝わっているのでしょうか？「しっかり話を聞きなさい。」とはどうすればよいのか、子どもはわかっているのでしょうか？的確に伝わらなくて、腹を立てて言うので、さらに子どもに考えるゆとりがなくなって、子どもが固まってしまいます。ただ、あいまいなことばでもうまくいく教室があります。掃除の仕方を書いたことばを掲示していれば、「ちゃんとしなさい。」のことばで伝わります。話を聞くときは体を向けて聞き、理解したことを行動に移す指導ができていれば、「しっかり」で伝わります。子どもが、「担任の先生から、きょうは始業式です。しっかり話を聞きましょうと言われたので、きょうは大事な話があると思い、話を真剣に聞きました。」と日記に書いていました。ふだんのていねいなことばがあれば、伝わります。

子どもは、あいまいなことばでは伝わらないこと、そして、ていねいで的確なことばは分かり合えることを授業で学んでいます。同じ意見であれば賛成意見を出し、異なった意見は自分の考えを筋道立てて説明します。よく聞けばよいことがある、ていねいに話せば分かってもらえる、こんな授業ができれば、あいまいなことばがなくなり、ことばで考えを高め合うことになります。

ご飯、家族、話す声

病院に向かうバスの中でのことを体が不自由な方から教えてもらいました。それは、まわりの大人は見て見ぬふりをしている中で、本校の児童が席を譲ったというもので、「あなたの学校の教育は間違いありません。良い教育をされています。」とお褒めのことばでした。席を譲るのは簡単そうですが、実際は譲れないことがあります。「どうぞ、おかけください。」のひと声のタイミングを失うことがあります。子どもの話によると、譲ろうと声をかけたら、「あなたは小さいのだから、あなたがおかけなさい。」と断られたことがあるそうです。難しいものですが、席を譲った子どもは、その方を見て迷うことなくすぐに譲ることができました。

よくあいさつをする6年生がいました。1年生の頃は、あいさつをこちらからしても声が返ってきませんでした。無口で恥ずかしいようでしたが、学年が上がって次第にあいさつするようになり、卒業までの1年間はもっともあいさつを積極的にするほど変わりました。それに合わせるかのように授業での発言は力のこもったものになり、堂々と的確に話すようになりました。朝、私とあいさつをするときに、自分のことを話す子どもがいます。「次の土曜日に家族でご飯を食べに行きます。私の誕生日なんです。」「折り紙を折ってきました。先生にも一つあげます。」やりたいことや楽しみなことがある喜びの朝です。目を見て笑顔であいさつする子どもは、今日は学校で何があるのだろうと希望があるようです。


喜びや希望のあいさつをする子どもは、どんな朝を迎えるのでしょう。

「家族でいつも7時にテーブルについて朝ご飯を食べます。ご飯を食べながら、みんなが今日の予定を話します。」

「父と母と3人で車の中で朝ご飯を食べます。家で食べる時間がなくて。でも、しっかり食べるんですよ。味噌汁も飲むんです。」

「うちは、父と兄といっしょに食べます。母は、台所に立っています。だけど、いちばん話をするのは母です。」

聞けばそれぞれですが、ご飯、家族、話す声があります。

席を譲った子どもは、笑顔であいさつをしてくれます。毎日、笑顔です。体がしんどいときだってあるはずです。とにかく笑顔で登校してきます。この子どものお母さんに聞けば、「家では叱ってばかりなんです……。眠った後、ごめんねと言うんです。」と話されました。朝の過ごし方を聞きました。

「朝ご飯は私が作って、好きなものを食べています。話したいことがいろいろあって、私を相手にずっと話しています。あいさつは顔を見てさせています。」

思った通り、ご飯と家族と話す声がありました。

ことばと健康 ——不安を持つ子どもの見立てと対応——

子どもの乱暴な言動が見られることがあります。たいていの場合、その場で何があったのか話をさせると、自分の乱暴な態度やことばで相手を傷つけたことに気づきます。自分がしたことを自分で気づけば、学びとして成り立ちます。こうやって子どもは成長していきます。ただし、乱暴な態度が続くのであれば、われわれの見立てと対応が必要です。

子どものストレスについて話を聞く機会がありました。ストレスの状態は、そのもとになるストレッサーと受け取り方が関係するそうです。誰にでもストレッサーはあり、ストレス状態はその受け取り方が左右します。私たち大人でも、疲れると受け取り方が悪くなります。元気であればストレス状態になりません。身体が弱っていれば、ストレッサーを重く受け止めるので、不健康な心と体になります。食事と排泄と睡眠が子どもにとって大事と言われるのは、このことです。そもそも、悩みを抱えるのは正常なことです。人は、悩みを抱えつつも前を向いて進んでいきます。悩みはあって当たり前ですが、それが重荷になって続くとき、人は怒りや不安を持つようになります。乱暴な言動は、怒りや不安を外向きに出しているのです。

子どもが小さな家出をすることはありませんか？

私は子どものとき、自分の思いが親に分かってもらえなくて、ちょっとそこまで家出をしていました。今思えばかくれんぼのようなもので、どこにいるのか見当のつく姉が迎えに来てくれました。そんなことを繰り返すうちに、自分のことばで親に訴えるようになったので、かくれんぼの家出はしなくなりました。

『ラモーナとおかあさん』〈注〉という本があります。主人公のラモーナは、子ども扱いする親に腹を立て家出を考えます。家出しようとスーツケースに荷物を詰めているところを母親が見つけます。ここで母親は家出の手伝いをします。スーツケースを重くして運べなくするという絶妙の方法で家出を止めます。そのあと、ラモーナは母親に学校や家のことで怒りや不安を感じていることを話し、もとの明るいラモーナに戻ります。自分のことばで語ることで、心が健康になるのです。

怒りや不安が重なると、発熱や下痢のような身体症状や気分の落ち込みが起きることがあります。ずいぶん前のことですが担任をしていたころ、ある日突然、学校に来られなくなった子どもがいました。朝、迎えに行っていっしょに登校していたのですが、それもできなくなり、そのうち、発熱やひざの痛みを訴えるようになりました。休みが数カ月続いたある日、子どもに、「先生にしてほしいことは何?」と子どもに聞くと、「4歳のときに戻りたい。」と言いました。このことばで、学校に来るようになりました。自分のことばで本音を語ることができれば、私たち大人は見立てと対応ができます。自分のことばで語ることができれば、子どもは健康になる力を出すのです。

注
『ラモーナとおかあさん』…アメリカ出身の作家、ベバリイ・クリアリー作、松岡享子訳、アラン・ティーグリーン絵。

さなぎの時期

1学期の終わりに、子どものがんばりを担任から教えてもらう機会がありました。子どもというのは、やりたいことを継続していけば成長していきます。担任の話からチャレンジし続けてきた子どもの姿が浮かんできます。この成長は大人になってみれば小さなものですが、日々子どもに眼差しを向ける教師にとって、輝きを放っています。

1年生の担任から、お昼のお弁当を時間内に食べるようになったこと、はじめはなかなか食べられなくて、休み時間の終わりまで食べていたが、近ごろは時間内に食べられるようになったと聞きました。時間がかかるのには、いろいろな理由がありますが、まわりのことが目に入って箸が動かないことがよくあります。それが、時間内に食べられるようになるということは、時間を意識するようになったということですから、立派なものです。時間を意識することは社会生活では大事なことです。時間を守ることは、自立への第一歩です。また、仲の良い友達ができて昼休みにいっしょに遊びたいから、お母さんにお弁当の量を少し減らしてもらい、時間内に食べきるようにする子どももいます。これは、仲間ができることで自立に向かう良い例です。仲間と校庭でたっぷり遊べば、午後の授業に向かう活力が生まれます。体を動かせば晩ご飯もおいしく、早寝早起きにもつながります。朝登校して遊び、そうすれば昼にお腹がすいてきます。よく食べよく遊べば、体が丈夫になります。そうやって夏休みを迎えてひと夏過ごすので、秋にはひとまわり大きくなった子どもになって、学校にやってきます。

通学するバスの運転手さんにあいさつをするようになった1年生もいます。これも立派な成長です。相手意識を持つことは社会生活で欠かせません。自分とまわりの世界をつなげることは、自立の第一歩です。学校では、バスの運転手さんに「ありがとうございました。」と言うとき、私をバス停まで無事に乗せてくれたことの有り難さをことばにするのですと教えていますが、すぐにはできません。教室では、人から物を受け取るときに「ありがとうございます。」と言えたとしても、教室から離れた場で言えません。教室の外でできるのですから本物の力がついたということです。

日記に社会の出来事を取り上げ、それに対する感想や自分の生活につなげた考えを書いている6年生がいると聞きました。日記を読ませてもらうと事実に対する意見が日々書かれていました。意見を書くというのは相手意識を持って書いているということですから、1年生からの相手意識を持つ学びが身についているのです。このような子どもたちが、夏休みを経て学校に戻ってきたので教師はやりがいがあります。

一方、春から夏まで伸びていないと見える子どもがいます。最近やる気が見られない、何度繰り返しても学習が身につかないと相談を受けることがあります。見た目は伸びてなくても、それは「さなぎの時期」だからです。伸びないときは、体の中でエネルギーを蓄え、力を発揮する準備をしていると考えます。見えない成長です。そんな目を持って秋を迎えています。

本物になる

保護者と教師との個人懇談の時のことです。教室の前の廊下で懇談が終わるのを待つ子どもがいました。その子どもは1年生で、本を読んでいました。声を出して読むほうが読みやすいのか、音読をしていました。その読み声はしっかりしており、すらすらと読んでいました。入門期は、文字を語としてとらえることが課題です。たとえば、「もうすぐ夏休みがやってきます。」という文であれば、もうすぐ／夏休みが／やって／きます／　というように語で区切りながら読めれば十分な時期です。この子どもは次の段階の、語と語を合わせた語句としてとらえた読みができているのでたいしたものです。また、入門期は、文字を語としてとらえることに加え、口の形や姿勢を正しく整えて、はっきりとした声で読むことも学びますが、それも、よくできていました。語を語句や文としてとらえてすらすら読むことや、はっきりとした発音で読むことを身につけ、話す力や読む力の基礎をつくるのが1年生の終わりです。このことがすでにできているので感心しました。その子どもに、「幼稚園の時から本を声に出して読んでいるの？」と聞けば、「1年生になって読めるようになった。」と言います。わずか4カ月でできるのですから驚きました。親御さんに聞いたのですが、子どもは学校が好きで、勉強が好きで、本も好きになって、毎日家でも本を声に出して読んでいるそうです。話す力や読む力は、積み重ねることでだんだんとついてきます。積み重ねなければ力はつきません。国語力は積み重ねです。学校での学習指導が、家庭でも行われ、着実に子どもに根付いていることをうれしく思いました。

運動会でのこと。3年生の子どもが徒競走でカーブにさしかかった時、いっしょに走る仲間とぶつかりそうになったので、思わず足をゆるめたと聞きました。全力で走り切れば順位は上がったかもしれないと残念な思いもあったようです。それを聞いたまわりの子どもは、相手を大事に考えるFair Playをしたねと声をかけたそうです。こういうことばが出るのですから、この3年生たちはふだんから人を大切に思っているとわかります。この積み重ねがあって、Fair Playのことばが出たのです。

あるお母さんから学校のおかげですと感謝のことばをいただきました。我が子が手術をすることになり、いよいよその日を迎えたときのことです。看護師さんがついていてくれていますが、手術前はどの子も不安で、親から離れて手術室に向かうのを嫌がるものです。しかし、この子は落ち着いて「ひとりで行ける。」と答え、みなさんから感心されたそうです。そして、手術が始まる時、医師や看護師に、「よろしくお願いします。」とあいさつをしたそうで、こんな子は初めてですと驚かれたそうです。この子どもは、学校での毎朝のあいさつでも私に、「おはようございます。」と言ってから、ていねいにお辞儀をしています。この子どもは本物の礼儀を身につけています。

一つの良い習慣を身につけることや能力をつけるには、時が必要です。その時を積み重ねていけば本物になります。

自分の意思で行動する子ども

朝、廊下を掃いていると登校してくる子どもたちが近寄ってきて、「ありがとうございます。」と言ってきました。どうしてありがとうかと言えば、「私たちの学校をきれいにしてくれてうれしいからだ。」と言っていました。感謝の心を持っていることと、思いをことばで表すことができており、子どもたちの成長をうれしく思いました。誰かにお礼を言いなさいと言われて、ありがとうを言うのではなく、自分のこととして物事をとらえたこともうれしいことです。

これも朝のことです。2日続いた雨で鉄棒の下に水たまりができていました。6年生がそれに気づいて、水たまりの水をすくい出し、土を埋めて平らにしてくれました。小さい子たちが鉄棒で遊べるようにと考えたようです。私たち大人は子どもに、よく考えて行動しなさいと指導することがありますが、案外、子どもは考えて行動しているのです。

4、5、6年生は、大人から指示されて行動するよりも、自分から問題を見つけ、どうしたらよいか判断し、行動することを好むようになります。ただ、何も指導しないでおいて、このような自ら気づく自主性や自分のこととして考える主体性が身につくわけではありません。1年生からの学びの積み重ねがあります。うまくいかなくて困っているときに仲間の手助けを受けて解決したことや、思い通りにならないときに先生から良い方法を教えてもらったことがあり、その度に自分は人から大切にされていると心で感じることで感謝の心が芽生えてきます。また、幼いうちは好きな人によく思われたいから良い行いをします。これは人間らしさであり、これがあるから家庭や学校の秩序は保たれているのです。しかし、このまま年を重ねていけば、「好きな人には親切にする」「自分にとって得になるから手助けをする」という考え方を持つ大人になってしまいます。「〜であるから、〜をする」では真の道徳性は身につきません。10歳を過ぎれば少しずつ、「〜であるから、〜をする」から「自分の意思にそって望ましい行動をする」へ移行しなければなりません。

しかし、自我の目覚めとともに、感謝する場面や人の役に立てる状況でそこに心を向けることができず、向けさせようとすると却って異議を唱えることさえあります。これを、「自分の意思にそって望ましい行動をする」ときがやってきたととらえ、教師は子どもの考えに耳を傾けることをひたすら続けます。子どもは、あえて思いとは逆方向のことばを発することがありますが、それも受け止めます。自身の問題や身の回りの問題を見つけ、その対応は自分の判断基準で決めるのだよと腹をくくって傾聴します。人は、相手から正解を言ってもらって行動を決めるのではなく、自分の判断基準でなければ行動しません。相手から言われるままに動くロボットではありません。この人は私のことをわかろうとしていると思えば心を向け始め、時間のかかることですが、子どものより良い人間になりたい心が望ましい行動を導き出します。

学校では、子どもと教師が話を「ていねいに聞く」ことを大事にしています。そして、「ていねいに話す」ことも大事にしています。思考、判断は子ども自身の自己意思に基づくことこそ、子どもの力となる考えで子どもと向き合っています。

人のために汗を流す

文化祭で保護者には食堂や工作、遊びなど子どもたちが普段できないことをしていただきました。5年生や6年生になると展示用のパネルを運び、パネルを組み立て、あるいは、椅子やテーブルを運ぶので、保護者と一緒になって文化祭を作り上げていく意識を持ちます。一つの楽しいことをするには、多くの人が汗を流していることを知る良い機会でした。

先日、おはなし広場という4年生の学習がありました。幼稚園児に本を好きになってもらおうと、本の読み聞かせをしました。

おはなし広場
今日の2時間目、3時間目、4時間目におはなし広場がありました。すごくきんちょうしていました。なぜかというと、園児さんたちがつまらなくならないかと思っていたからです。ですが、本の読み聞かせの時には園児さんが本を見てくれました。とてもうれしかったです。

「すごくきんちょうしていました」とあるので、どんな本を選ぼうかとあれこれ考えたのでしょうか。相手がわかっていれば選びやすいのですが、どんな子どもが自分のところにやってくるのかわからないので、本の選定は難しいものです。「自分が幼稚園の時にたくさん親から読んでもらった本の中で今も記憶に残っている本を選んだ。」と言う子どもがいました。「読み聞かせの目標は、笑顔で園児さんにおいでと声をかけること、園児さんが聞きやすい声で読むことです。」と言う子どもがいました。どれも、どうすれば喜んでもらえるのか考えています。本の選定はこれまでの自分の記憶をたどって考え、聞きやすい声で読むためにすらすら読む練習や、声の大きさや速さを考えて読む練習をしたはずです。私から見れば努力しているのですが、4年生は努力とは思わず、やりたいからやっているのだろうと思います。

人は良いことをするとそれを誇って、人を責めるようになることがあります。気持ちよく仕事がしたいと会社に早く行って掃除をしていた人が、初めはやりたいからやっていたのですが、しばらくすると、自分はこれだけやっているのに誰も手伝ってくれないと腹を立てるようになったと聞きました。家庭でも自分はまわりの人のためにこんなにやっているのだから、少しぐらいはやってほしいと不満の方に心が向くことがあります。

学校教育では良い行動を目的とするのではなく、良い心が育つことを目的にしています。みんなの役に立つことは喜びで、自分は人の役に立てて気持ちいいと感じる心を育てています。それが社会に出て、人に誇らず、自立して貢献できる人になれるのです。

自分で考える

子どもが教室で走り回って花びんを壊したとしたら、叱ります。叱ることばの最後に「これからは、自分でよく考えなさい。」と言ったとします。この「自分で考えなさい。」は、教育とは少し離れたことばです。大人の思い通りのことばを考えなさいと言う意味が含まれているとしたら、自分で考えない子にしてしまうかもしれません。

理科の授業を見る機会がありました。学習課題は、「食塩の飽和水溶液に別の物質を入れてみたら、溶けるのだろうか?」でした。子どもの予想は、溶ける、溶けないの2通りでした。子どもの考えは、「水の粒の中に食塩の粒が入り込んで、これ以上入らない状態だから溶けないのではないか。」もう一つは、「食塩はもうこれ以上水の粒に入り込めないけれど、ほかの物ならば水の粒と粒の隙間に入り込めるかもしれない。だから、溶けるのではないか。」という考え。水に溶けやすいアルコールで実験してみると、アルコールは溶け始め、それとともに、白い粒が徐々に現れ、やがて飽和水溶液の入ったビーカーの底に白い粒がたまりました。この白い粒を顕微鏡で覗いてみると、食塩だとわかりました。きれいな食塩の結晶の形をしています。この授業は、教科書にはない発展的な学習で、子どもに科学のおもしろさやどうして食塩が出てくるのだろうかと新たな疑問が出てくる授業でした。学校教育ではこのような新しい発見や新たな疑問が出てくる授業づくりをしています。子どもが課題に対して主体的に考える活動ができれば、そこで得た知識や技能が身につきます。教師が使う「自分で考える」というのは、こういうことです。

テレビの天気予報で思うことがあります。「朝晩は気温がぐんと下がりますが、昼間は日差しがあり、あたたかくなります。お出かけの際はあたたかくして、着る物を調節してください。」とキャスターが言っていましたが、「お出かけの際は……」のところは自分で考えることであって、余計なことではないかと思います。親切な思いからのことばなのですが、そもそもテレビは一方通行で、自分で考える機会が少ないのに、ますます考えることをしなくなるのではないかと思います。

5年生と読書会の授業しました。読書はテレビと違って読み手が好きな時に立ち止まって考えたり、前を読み返して関係づけたりすることができます。授業では、宮沢賢治の作品を5つ読んだあと、5作品の中から1つ選んで、作品を通して賢治が伝えたかったことを考え、4、5人のグループで伝え合いました。人間の愚かさを説明する子、命の尊さをいちばん感じた子、自然の美しさを伝えていると感じた子……、いくつかの意見が出ました。授業後の感想に、意見が同じでうれしかった、人の意見が聞いてなるほどと思った、次はクラス全員で話し合いたいとありました。

自分で考える学習は子どもにとっておもしろいものです。そこに発見や高まりがあれば、自分で考えることを主体的にするようになります。

値打ちが違います

他校の校長先生から聞いた話です。

土曜日、男の子は誤って掃除用具を入れるロッカーを壊してしまいました。ちょっとしたいたずらからでした。誰も見ていないことを確かめて帰ってしまいました。詫びることもなく。

空腹を満たすべく急いでお昼ご飯を食べようとしました。そのときです。男の子の様子がいつもと違うことに気づいた母親が問いかけました。初めは自分の都合のいいように言い訳がましく説明をしていました。母親は学校に確かめました。そして、もう一度問いかけました。事の始まりから終わりまで話をさせました。そして、次のように諭しました。

「すぐ、学校へ行き、先生にお詫びをしてきなさい。」と。土曜日の午後ですから、男の子は「月曜日に学校に行ったとき先生に謝る。」と言いました。しかし、母親はそれを許しませんでした。やってしまった過ちをすべて話したということは自分の非を認め、逃げも隠れもしない真っ直ぐな気持ちになっているのですが、子どものことばを受け入れませんでした。「今、すぐ学校に行きなさい。月曜日にお詫びを言うのと、今言うのとでは、値打ちが違います。」と、子どもを学校へ向かわせたのです。学校では、男の子がその日のうちに来たことを高く評価され、男の子は値打ちの意味を受け入れることができたのです。男の子は、週末を明るい気持ちで過ごすことができました。

ものを壊すことやきまりを破ることは、だれにもあることです。出来事が起こるとその非を責めることをしますが、出来事を成長に結べるかが大事です。失敗をより良い生き方に結ぶ母親の賢さと子への深い愛情に感心しました。子どもというのは、責められることから逃れたいので、何か出来事があると、「それはぼくではない。」「ぼくは見ていただけで他の人がやった。」と、自分の非を逃れたり、薄めたりします。やったことは逃れることはできないし、薄めることもできません。それを教えてやるのが教師や親の務めです。子どもかわいさで、その場を子どもの意に合わせて終わらせれば、子どもはその場をごまかし、乗り切って済ませることを覚えてしまいます。われわれは、自分をごまかし、相手をごまかす人にしてはならないと心しておかなければなりません。

校長室は運動場に面しています。硬いボールが窓ガラスにあたったのか、かなり大きな音がしました。外を見れば、男の子がそばに立っていました。少しの間があって、「ぼくがボールをぶつけました。」と謝りに来ました。黙っていれば怒られることはありません。しかし、言いに来ました。少しの間に、自分が不注意だったことや、中にいる人を思いやり、自分の行いと相手の気持ちに対してどう対処すればよいか考えたことは、大きな成長です。男の子に、校長室に来たことと、してしまったことをていねいに説明したことをほめてやりました。子どもにとって値打ちのある出来事でした。

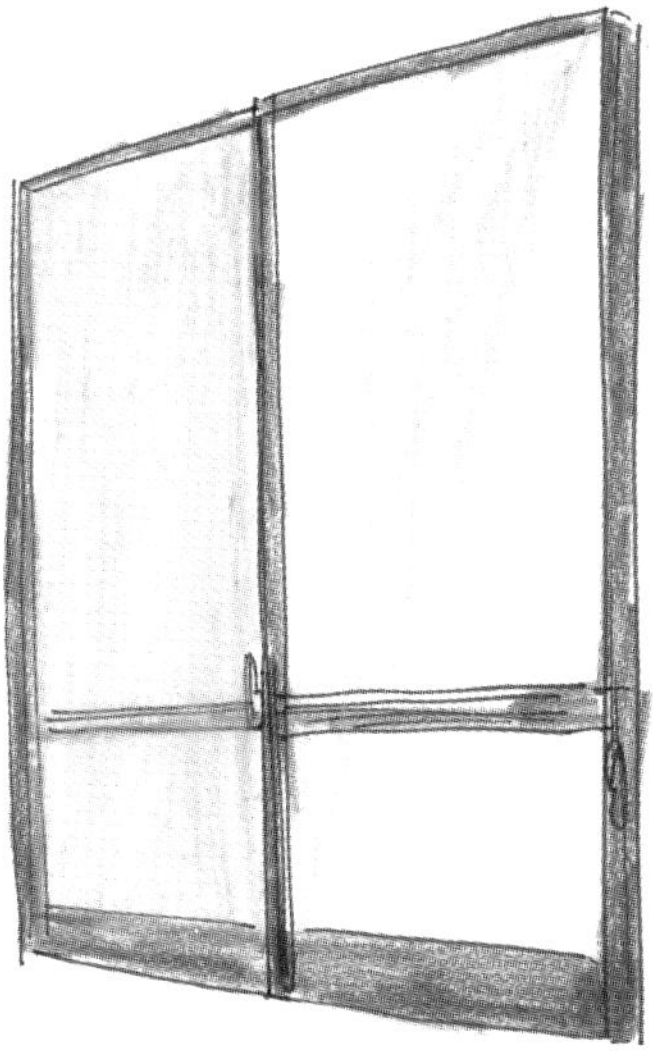

考えることが好きな子ども

6年生は外で遊ぶことが好きです。朝、7時半に校舎の鍵を開けるとき、授業前に遊ぼうといちばん多く待っているのが6年生です。休み時間もよく遊び、放課後の時間もよく遊んでいます。30度をはるかに超える夏の日でも、冬の寒空の下でも遊んでいます。一方、考えることも好きです。先日、授業で読書会をしました。本を読んで心で感じて考えたことをもとに意見を出し合う学習でしたが、自分の考えを話し、仲間の考えを聞き合う生き生きとした学びの姿が見られました。こうしてみると、考えることと遊ぶことは関係があるのかもしれません。考える学習をして、汗をかくほど遊び、授業に向かうと体と心のリズムが生まれます。遊びは何もかも忘れ、遊びそのものに一心に集中するのがよいのでしょう。

授業は何のためにしているのでしょうか。授業の目指すところは、知識を教え、技能を身につけさせるのが最終目標ではありません。興味関心を持たせて授業に向かわせ、知識・技能を習得させていますが、行きつくところは考える力をつけることです。考えることのおもしろさを知っている子どもは、知識を得ることを能動的にします。考える営みは、獲得した知識を使ってあれこれと思考をめぐらせるからです。既習の知識を使って考えれば新しい知識を得ることがあると知っています。そして、仲間と考えを聞き合うことをすれば、自分の考えに不足していた点や新しい発見があることも知っています。こうして考えるおもしろさを体験として知っている子どもは、単純な学習作業であっても、この作業こそ大事であり、目指す学習課題を解決するためには苦しいとは思いません。大人から見れば努力してこつこつがんばっている作業であっても本人はやりたいからやっているのです。

1年生の算数のひき算の授業は、具体物を使ってひき算の意味を理解し、技能を身につける単純な学習です。先日、ひき算の授業を見る機会がありました。13－8のような繰り下がりのあるひき算で、子どもは答えの出し方を身につけた後の学習でした。初めの学習課題は、

> □－□＝5
> 1、2、3、4、5、6、7、8、9のカードを使って上の式を完成させよう。

子どもがカードで式を作ったあと、残ったカードは何かを教師は5だと言い当ててしまいま

した。どうして当てることができたか子どもたちに考えさせ、そのあとの学習課題が、

□－□＝7
1、2、3、4、5、6、7、8、9、10、11、12、13のカードを使って上の式を完成させたら、残るカードは何？

今度は子どもが、残るカードを当て、そのカードがどうして残るのか考える学習でした。教科書にはない、教師の「考える力」をつける授業でした。既習の知識を単純に使うだけではどうにもならない授業をしてやれば、考え抜く活動が生まれ、授業が終わっても、もっとやりたいと言います。

子どもは考えることが好きです。点数をとることのみにとらわれていては考えることをしなくなり、子どもから学びの姿は消えてしまいます。考える力をつける授業をやっていきます。

うっかり忘れ

寒い朝が続きます。急に寒くなったせいでしょうか、背中を丸めて登校する子どもや肩をすぼめて歩く子どもを見かけます。手袋やマフラーをつけて登校する子どもが多くなってくる中、何も身につけずに登校している子どもがいます。「何も身につけていないけれど考えがあるの？」と聞けば、「今手袋をしてしまえばもっと寒い1月がつらくなるので、これくらいの寒さでは手袋をつけません。」と答えました。毎年の経験からでしょうか、自分の判断で身支度を考えていました。あるいは、「足は冷たいけれど他は大丈夫です。」「早歩きをすれば体が温まってくるので、手袋は必要ありません。」と答える子どももいました。手袋を身につけることにしても、つけないことにしても、自分の判断でしていることが大事です。

手袋は寒い朝に役立つ、有り難いものですが、下校する午後になれば暖かくて、うっかり忘れて帰ることがあります。

「また、手袋を忘れたの？あなたはうっかり忘れが多いのだから気をつけなさい。」とお母さんのことば。続けて、「明日は、もう一つの手袋をして行きなさい。」と代わりの手袋を差し出すお母さん。次の日に教室に行けばあると思ったのだけれど、見つかりません。担任の先生に事情を話して、先生からクラスの子どもに、「手袋を探しましょう。」と言ってもらうのですが、見つかりません。帰り道のどこかに置き忘れたのでしょうか？結局見つからないままになることがあります。帰りのバスに忘れたのかもしれないとお母さんがバス会社に問い合わせ、見つかることもあります。いずれにしても、うっかり忘れが多くの人の手間をとってしまいました。

「ぼくは、手袋をつけません。」と胸を張る子がいました。どういうことかと言えば、「もう、手袋の忘れ物はしたくない。その方法は、手袋を身につけない。」というもの。これで解決とばかりに教えてくれました。家庭でどのような会話があったのでしょうか？うっかり忘れが続くので、手袋はやめようかと相談したのかもしれません。それ以来、その子どもの手を見てしまいます。そして、手袋をしないその子どもを見ると、以前より強い子に見えてきました。日常の学校生活が生き生きとしているように見えます。保護者や教師に、「手袋は禁止です。」と言われて、取り上げられたのでは胸は張れません。「手袋はつけない。」と決めたことが良かったのです。

うっかり忘れは誰にでもあることですが、うっかり忘れが度々あると、保護者も教師も困ります。困ったところへうっかり忘れが重なれば、いらいらが続きます。いらいらを子どもにぶつけてしまえば、子ども本来の元気をなくし、うっかり忘れはなくなりません。自分で決めることがうっかり忘れの薬だと思います。

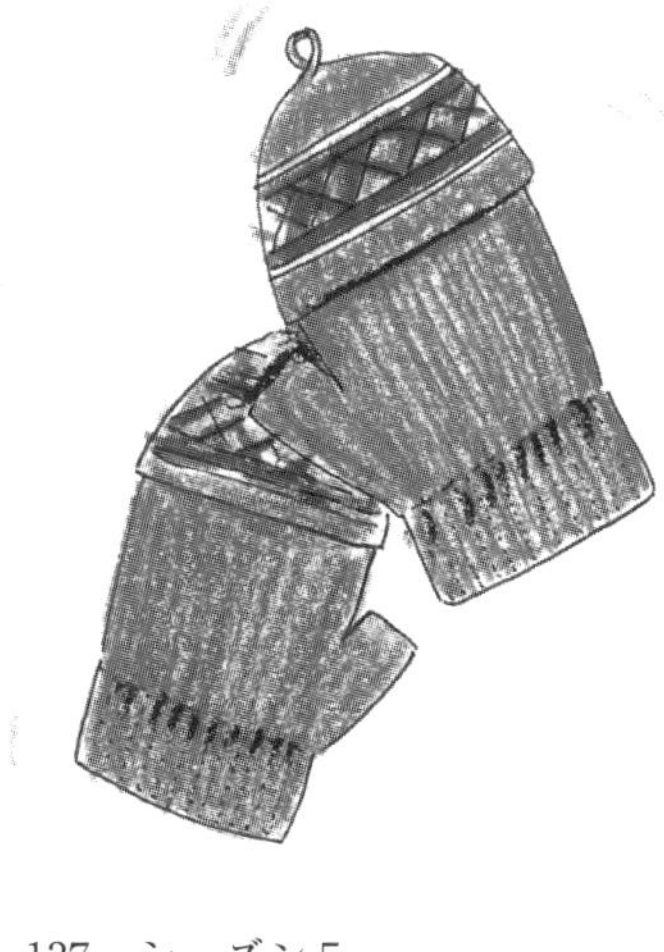

学びの時を逃さない

長い間、学校教育に携わっていますが、なかなか思うようにならないことがあり、教育の難しさを感じます。子どもが意欲を持って主体的に学ぶ姿を見せていれば、これで良しと思うのですが、良いときばかりではありません。世の中のことは、思い通りにいかないことがあるのですから、教育も同じように思い通りにならず、失敗することがあります。ただ、失敗しても挫折しても、子どもというのは起き上がりこぼしのように立ち上がって、学びが成り立つことがあります。

「育む」ということばは、「羽」+「含む（くくむ）」からできたことばで、親鳥がひなを抱いて育てる意味があります。親は子を敵から守り、食べ物を与える様を人は見たのでしょうか。大きな敵に対してさえ、逃げずに立ち向かい、追い払う親。腹を減らし鳴き続ける子に食べ物を与える親。まさに、命をかけた親の行動です。しかし、それ以上親は手をかけることはしません。厳しい世界に出る子に対して必要以上のことをやってしまうと、ひとり立ちできなくなります。

学校教育の役割は、家庭といっしょになって子どもを育む場です。学校で定めた教育内容を計画的に行い、子どもの能力や態度を積み上げていくわけですが、時を逃さず教えることがあります。

先週、建設会社の方が授業の様子を見に来られることになり、音楽室に入られました。子どもに何も伝えてなかったので驚いたのでしょうか、子どもが、「見学に来るなんて聞いてないよ。」と言いました。担任がこの失礼な態度を知って指導したようで、次の日に私のところに謝りに来ました。自分がしたことが私に言えて、自分がしたことを謝るのですから、何がいけなかったのか、そして、今度はどうすればよいか、わかっています。担任は時を逃さず、子どもの学びにしました。その1週間後、その中の一人が偶然、建設会社の方と再び出会いました。その方のところへ駆け寄り、お詫びを言っていました。「明日、謝れたことを担任の先生に話そう。」と胸を張っていました。時を逃さず手をかけてやれば、子どもは学びにするのです。

時を逃さない学びは家庭教育でも行われますが、まずは、お腹いっぱい食べて、安心して眠る場所としての家庭が子どもには必要です。親御さんといっしょに同じ屋根の下でお腹を満たして休める温かい家庭は、子どもを育む環境だと言えます。忙しい師走ですが、家庭環境を見直すには家族がひとつになれる年末年始が、ちょうどよい時期かと思います。

「学び」の発想

子どもが成長していくためには、多くの失敗や痛みを含めた様々な経験が必要です。一生懸命走れば、転んでしまうこともあります。学校や家庭でしなければならないのは、行く手にある障害物を取り除き、転ばないようにすることではなく、子どもたちが「学び」の発想を持てるよう寄り添うことです。寄り添うというのは、子ども自らどうしたいのか目標や夢を持ち、立ち向かって行く姿があるかどうかを見極めて、支援していくことです。目標が持てるような環境を作ることや、転んだときには自分の力でしっかり立ち上がれるように、支えてやることです。

3年生の教室に新しい目標が掲示されていました。姿勢をよくすると書いていたのですが、私から見ればこの子どもは姿勢が悪くありません。どんな考えなのか聞いてみると、「私は背中が丸くなってしまいます。授業中背筋を伸ばして受けたいのですが、丸くなってしまうので、姿勢に気をつけて背筋を伸ばして授業を受けるようにしたいと思いました。」と答えました。

聞いていた他の子どもが、「私たちは先生に姿勢をよくするように言われているんです。」と教えてくれました。背筋を伸ばして話を聞けば、この先いつでもどこでも相手の話をよく聞き、お互い気持ちよく話ができるようになります。この子どもは先生から注意を受けたのかもしれませんが、先生から言われて目標を書いたのではなく、自らそうなりたいと考えているところが素晴らしいことです。

人には得意なことと不得意なことがあります。サッカーやドッジボールが得意でも鉄棒は不得意だとか、理科は得意だけれど理科の中の「てことてんびん」は苦手だとか、どれも全部得意というわけにはなかなかいきません。小学校は幅広く様々な学習を行い、子どもの中にしまい込まれた可能性をできるだけ多く掘り起こす時期です。多くの学習を経て、それが質の高い学習経験となって、さらに上の学校で自分の理想の夢や目標を見いだしていくわけです。ですから小学校では、不得意なことから避けて通ることはしません。子どもが自分で不得意と言ってもしまい込まれた宝が眠っていることはよくあります。チャレンジすることを続ければ上の学年になって得意になることがあります。サッカーを毎日やってもうまくならないことがありますが、２年、３年と続ければうまくなります。

この2年、3年の失敗や痛みが子どもには将来の力になります。たとえ小学校6年間ずっと下手でもなんとかうまくなろうと続ければ、うまくできなかった経験は、中学校、高校、社会に出て、厚い壁が立ちはだかったとき、壁を突き破る力に変わります。そのために学校や家庭は、子どもが転ばないように手を打つのではなく、転んだときに子どもがそこから「学び」の発想で立ち上がれるように、つらい思いを聞いてやり、希望を失わず、「だいじょうぶ、だいじょうぶ。」と言ってやることです。

肯定と否定

社会に出たての人で有能だが、持てる力を発揮できない人や新しいことにチャレンジしようとしない人がいると聞きます。それが1人や2人ではないので、どうしたものかと思います。与えられた仕事を引き受けて、苦労はあってもやり遂げたいとは思わない人は、小学校時代の教育に問題があったのではないか、子どもの時期に自尊欲求を満たしておけばよかったのではないかと考えています。

小学校では、身の回りの様々なものを教材にして授業をします。知らないことを知るおもしろさや初めてのことでもできるようになる喜びを味わいながら、知識や技能を身につけ、主体的に学習する自ら学ぶ力を育てます。子どもというのは、学校の周りを散歩すれば道端に咲く花を見つけ、「これは何という花ですか?」と質問してきます。磁石を使ってものを引きつければ、「やってみたい。」と磁石を手にします。こうやって、学びの入り口を作って、授業が始まります。授業の終わりには、この授業はおもしろかった、またやりたいと意欲を見せます。

そうするうちに、今日の授業は何があるのだろうかと、学びの姿が作られてきます。今朝、1年生が、「きょうは、豆まきの時のイワシを焼きます。晴れていれば焼きます。」と勢いのある声で教えてくれました。魚を焼くのは家でもあることですが、新しい発見がある授業をしているので、魚を焼く授業が楽しみになります。

一方、授業に関心を示さない子どもがいました。担任をしていた頃、花の写真を見せて、こんな花を咲かせようと種まきしたのですが、「ぼくは花を咲かせたくない。」と言います。なわとびをすれば、少しだけやって、「つまらない。」とやめてしまいました。この子どもを見ていて、宮沢賢治の『注文の多い料理店』に登場する2人の若い紳士を思い浮かべました。紳士はイギリスの兵隊の格好をして山奥へ猟に出かけるのですが、「ここらの山はけしからん。鳥もけものも一匹もいやがらん。早くタンタアーンとやってみたいもんだ。」と言い、ついには、「寒くなってきたし、腹はすいたし、ぼくはもう戻ろうと思う。」とやめてしまいます。自分の限界を作り、「うまくいかない」「もうだめだ」と否定することばを出します。

否定語を使う子どもは、どこかで大人が、「これができないからだめ。」と否定語を使っているので、自分の限界を作っているのです。できるとできないで肯定語と否定語を使えば、子どもは○か×かの考え方をするようになります。うまくできなければ、「ぼくはやらない。」と言い、できそうにないと思えばやるまえから「つまらない。」と言います。学校では、「前より少しできるようになった。」「前より少し賢くなった。」と感じさせ、失敗しても「明日は少しできるかも？」と肯定語を使う子どもにしたいと考えています。

舞台をつくる

英語を身につけるためにワーキングホリデーで1年か2年、英語圏で生活しながら英語力をつける人がいます。ただし、みんな英語が身につくわけではないようで、日本人仲間と過ごし、上達しないまま帰国する人もいるそうです。うまくいくには、英語力をつけてどうするのか目標をもち、強い意志がなければなりません。そして、その先にワーキングホリデーという場を設定するなら力がつくはずです。

数年前、英語教育の研究所で長年尽力されている方と話す機会がありました。学校教育で英語を身につけるために何が大事ですか？と伺えば、即座に、「子どもを舞台に立たせることです。」と答えられました。しかも、その舞台は大きいほどよいと言われました。それを聞いて、学校では英語スピーチコンテストを始めました。クラス大会、それから全校大会と、子どもはスピーチをしています。舞台を作ってからは、下を向いてぼそぼそ話す者はいなくなり、着実に話す力がついてきました。

「英語の朗読コンテストに出たいから練習を聞いてほしい。」と申し出てきた子どもがいました。年齢制限はないのですが主に中高生が出る大会だったので、どうしたものかと思いましたが、やる気満々で訴えかけるので出場することにしました。中高生の中でたった一人の小学生が大きなホールの舞台に立ち、入賞しました。それ以来、英語には自信をもって学び、中学高校でも英語力を伸ばしていると聞きました。ずいぶん前のことですが、国語でも聞く・読む・書くことに比べて、話す力がついていないので、スピーチコンクールを始めました。今では、論理的に話し、高学年では説得力のある話ができるようになりました。

先日、幼稚園の発表会を見せてもらいました。劇の発表があり、ストーリー性も劇中の歌もセリフも見事でした。園長先生の話では、ストーリーも配役もセリフも意見を出して作り上げたそうで、自分のこととして演じ、胸を張って舞台から降りていました。歌う力や話す力、考える力はこうやってつけていくのだと思いました。

美術館で行われた本校の書道制作展を見に行く機会がありました。放課後の学習に集まる書道教室の子どもの作品が並んでおり、この子がこんな見事な字を書くようになったのかと感心しました。これも舞台のおかげです。そのあと、放課後学習するピアノ教室の発表会がありました。1年半前から始まった週1回の教室ですが、発表までできるほどに力をつけたことをうれしく思いました。うれしいことはもう2つ。発表の場を大事にする書道の先生とピアノの先生がいてくださること。それから発表会後、私に、「来てくださってありがとうございました。」と言う子どもを後ろから見守る親御さんがいてくださること。

子どもの舞台である発表や作品を見て、その見えない授業が見えてきます。教師の教えと子どもの学びの姿が思い浮かんできます。そして、舞台は、子どものチャレンジする力や実力を上げると思いました。

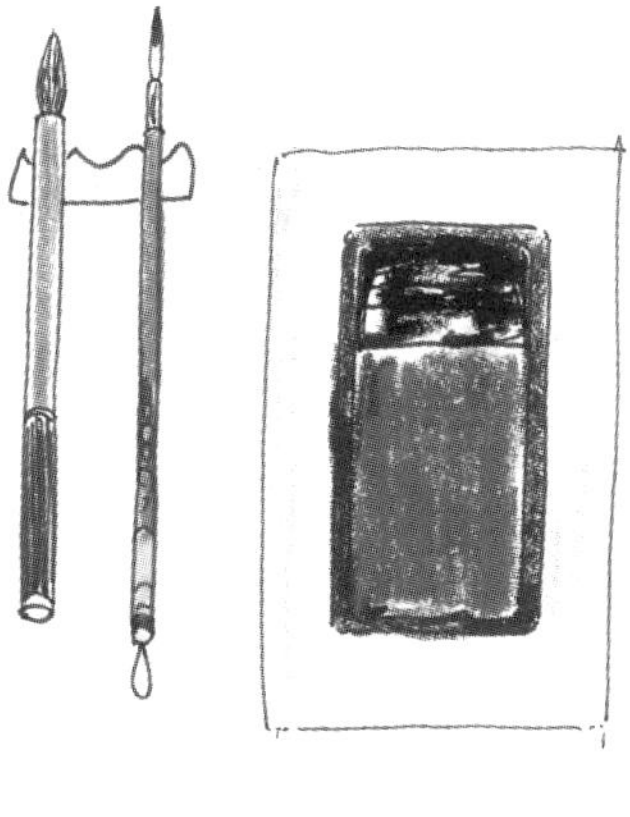

自分のことばに責任を持つ

朝、教室の鍵を開けるときのことです。鍵を開ける時刻になるとすでに登校してきた子どもたちが待っています。早く登校して朝の時間に遊びたいと考えているようで、1年生から6年生までまんべんなく待ち構えています。鍵を開けると我先に入っていたので、ひと言、話そうかと思っていましたが、上級生が列になって並ぶようになって、下の学年も並ぶようになりました。それでも人より早くと行動する子どもには、朝、先生と会ったらていねいにお辞儀をしてあいさつをする約束をしました。その子どもとはぎこちないあいさつがしばらく続きましたが、その子どもに会うのが毎朝の楽しみになりました。ひと月たって、ふた月たって自然なあいさつになりました。良い習慣はもう一つの良い習慣を生むもので、人を押しのけて入ることはなくなりました。

ある朝のこと、いつも元気な子どもの表情がさえません。どうしたのだろうかと気になります。2年生は、昔遊びの授業でこま回しやあやとりをしており、その子どもは、教室で友だちのこまを借りて家に持ち帰ったようです。ところが、返す約束をした日にこまを忘れ、今度こそと次の日に返す約束をしたのですが、また忘れてしまいました。それで、元気がなかったのです。子どもは、私に出来事を的確に話せたので、どうすればよいか考えさせてみました。その子どもは友だちに、こまを持ってくるのを忘れてしまったことと、明日は必ず返すことを伝えると言います。「2回続けて忘れたのだから、信じてもらえないかもしれない。」と言えば、「信じてもらえないかもしれないけれど話してみる。」と言いました。さて、こまの持ち主に伝えてみれば、気持ちよく受け入れてくれたそうで、ほっとしていました。信じてくれないと思えば、自分を守ることに心が働くものです。忘れたことを家の人のせいにすることもできます。黙っていればわからないとその場から逃げることもできます。幼いうちは自分を守るすべとしてのことばを身につけていきます。ごまかそうとすればできるのですが、この2年生は自分のことばに責任を持っていました。小さいうちから親御さんがことばをていねいに的確に話すことを教えて、ことばに責任を持たせていたのだろうと想像できます。

以前、「先生、私の帽子がなくなりました。」と、子どもが言ってきたことがあります。このことばに続けて、「Aさんの帽子が教室に残っているので、間違えて私のを持って帰ったのだろうと思います。」と言いました。間違えて持って帰ったと言えば、Aさんに責任が及びます。このことばを聞いたまわりの子どもはAさんのことと考えます。間違えたのかもしれませんが、訳あってAさんの帽子が残っているのかもしれません。自分のことばの及ぶ範囲を知らなければなりません。「間違ったのかもしれませんが、私がどこかに置いたのかもしれないので、明日探してみます。」と話す指導をしました。

授業でことばをていねいに的確に使うことを学びます。日常でもその場をとらえて、指導します。子どもの行動を注意しておしまいではなく、ことばをていねいに的確に話す力をつけ、自分のことばに責任を持つ子どもにしています。

想像するということ

全校朝会で子どもが日記を発表しています。発表する子どもはクラス順で回ってきて選ばれます。毎日一生懸命書き綴っている文章が認められる名誉なことです。今週は1年生の発表でした。仲間の1年生が誇らしい表情で聞いており、自分事のように思っていました。少し前のこと。いつか自分もみんなの前で発表したいと思っていた4年生が、クラス代表で惜しくも選ばれなかったことがありました。このクラスでは毎日遊んでいる野球について発表することになりました。野球について書いている子どもが2人いて、候補になりましたが、もう1人の子どもが選ばれました。選ばれなかったことが悔しくてしばらく涙が止まらないほどでした。日記に書いた内容は、自分は野球が下手だったこと、それでも楽しいから毎日遊んでやっているうちに、うまくはないけど友達からナイスプレーと言われるようになったことでした。下手でも楽しいことはやろうと全校に伝えたかったのですが、かないませんでした。泣きつくした後、もう一人の選ばれた人も私と同じ念願がかなったことだろうから、「発表をがんばって。」と声を掛けました。そこには、人を思う想像力があります。想像力が悔しさを乗り越えたのです。

4年生の「共に生きる」という授業で、聴覚障がいのある方を招いて話を聞く機会がありました。小学生の時に高熱で耳が聞こえなくなり、いつくかの病院に行って手を尽くしてもらいましたが、聴力は回復しませんでした。当時の小学校生活や現在の生活と仕事について話をしてもらいました。話を聞くうちに、朝どうやって目を覚ましているのだろうかと疑問がわいてきます。質問の時間を取ると多くの手が挙がり、想像力をはたらかせて聞いているとわかりました。健常者が多数の社会の中で耳が不自由な方が生活すれば不便なことがあります。それを知ることから耳が不自由な方の理解が始まりますが、すべて知ることはできません。想像することができなければ人を理解できません。人を手助けする行動もとれません。ある子どもが、「聞こえなくて良かったと思うことがありますか?」と質問しました。不便なことがたくさんあるけれど、ひょっとして逆もあるのではないか、こんなときはどうなのかなと、想像をめぐらせていました。

6年生のビブリオバトルの授業がありました。ビブリオバトルは、自分の好きな本がいかにおもしろいかを話し、説得力のある話ができた人が勝ち抜いていきます。自分の考えを的確に話す力をつける授業です。Aくんは方言について書かれた本を取り上げ、5分の持ち時間のうち残り2分になって話すことがなくなり、沈黙が続きました。そのあとの質問時間にBくんが、本の中に出てくる方言でおもしろかった方言を教えてほしいと言いました。この質問でAくんは息を吹き返し、自分の思いを話すことができました。Aくんのあの2分間の辛さを想像し、Aくんが本来の姿を出すにはどうしたらと考えてのことでした。終わった後、他の子どもたちがBくんは優しいんですと私に言って来ました。どの子も考えは同じでした。

子どもは小学校生活で想定外の出来事が起き、多くの失敗を重ね、それに対応する力を培っていきます。そのとき、大きな力になるのが想像力です。

春になれば

思いがけないことは不意に起こるものです。3月から春休みまで学校を休校にすると決めた日のこと〈注〉。卒業をひかえた6年生は休校を冷静に受け止めました。明日から学校に行けない、慕ってくれる下級生とのお別れ集会ができない、楽しみにしていた最後の授業も、委員会活動もできない。そして、6年間共にした仲間とも会えない。人は想定外のことが起きると不満を口にするものですが、誰も言いませんでした。休校の知らせを聞いて、「もう、みんなと会えないのですね。でも、私たちのために休みになったのですから。」と言っていました。学校生活はこの日が最後でしたが、普段と変わりなく、授業を受けました。昼の学校放送や掃除を黙々とやりました。休み時間には1年生と遊んでやりました。廊下から下級生の「ありがとうございました。」に、校庭から手を振って応えました。

1年前、この6年生は海の学習〈注〉が中止になりました。仲間や先生と一緒に海で泳げるはずが西日本豪雨災害〈注〉で取りやめになりました。そのときも、私の声掛けに「先生、心配しないでください。ぼくたちはもう気持ちを切り替えていますから。」と答えました。2つのことに共通するのは、思いがけない出来事の何が問題なのか考え、どうすればいいか判断し、行動していることです。これを自ら学ぶ力として、5年前から授業で思考・判断・表現したことを体現していることをうれしく思いました。

3月早々、4、5年生の海外学習〈注〉も中止にしました。準備を整え、いよいよという時の中止はこたえます。子どもの肩を落とす姿ほど、親としてつらいものはありません。中止の説明会で保護者は何も言われませんでした。心中穏やかでない方は私にぶつけてもらえればよいのですが、説明を受け止めておられました。休校になってからの家での様子を聞けば、「学校と同じように1時間目算数、2時間目国語と時間割を作ってやっています。体育だあと言って外で遊んでいます。」と、にこやかに答えられました。休校が続く時こそ規則正しい生活と頭や体をはたらかせることが大事になります。子どもの思考・判断・表現の自ら学ぶ力と、その背景にある家庭教育の確かさがありました。

今、桃と木蓮の花が真っ盛りです。一方、校庭の真ん中に立てば、静けさをひときわ感じます。子どもがここにいてくれたら、学校の春がやってきます。授業で蓄えてきた思考・判断・表現は親御さんの後押しで根付いてきました。不意の出来事があったときに教育の真価が問われます。どんなときにも花は咲くのだと思いました。

注

3月から春休みまで学校を休校にすると決めた日のこと…2020年3月、新型コロナウイルス感染拡大防止のため休校措置をとりました。

海の学習…5年生の夏に行う宿泊学習です。海で水遊びやシーカヤックなどの体験学習を行います。

西日本豪雨災害…7月5日から8日にかけて東海地方から西日本で15個の「線状降水帯」が形成され、うち9個は最大3時間積算降水量が150㎜（ミリ）を超えた。西日本を中心に全国的に広い範囲で記録的な大雨となった。（内閣府防災情報のページより抜粋）

4、5年生の海外学習…4、5年生の希望者を対象に、春休みを利用してオーストラリアで実施する12日間の海外学習プログラムです。ホームステイ先の家庭から現地の小学校へ通学し、異文化生活体験と英語学習を行います。

心に区切りを

日本には四季があり、春、夏、秋、冬ごとに伝統行事があります。節分は文字通り季節を分ける日のことで、その中でも1年の始まりとされる立春の前の節分は、季節の大きな区切りです。子どもの俳句作品から季節の区切りが読み取れます。

おにがきたはやくだしてよやいかがし　1年

鬼は災いをもたらす怖いもの。年の災いを追い返します。

1年間いいことしますふくのかみ　2年

年の初めに福の神に誓う、真っすぐな心がある子どもです。

1年生と2年生は節分や豆まきについて調べ学習をします。調べ学習や体験学習を通して、先人の知恵を知り、文化を受け継ぐ人になれるようにします。また、豆まきの「鬼はそと、福はうち」だけでなく、鬼を祭って「福はうち、鬼もうち」と豆まきする地方もあるというように、文化には一通りではない多様性があることも学習します。そのほか、大事にしたいのは季節の区切りです。

今年の学校は、4月になって1年間の終わりを迎えることにしました。〈注〉4月になっても心に区切りを大事にして、次の日から新学年を迎えるために修業式をしました。修業式前の登校日、うれしいことがありました。校舎の建て替え工事の一部でグラウンドに穴を掘って作業をされていました。登校中通りかかった子どもが、「ぼくたちのために工事をしてくれて、ありがとうございます。」と言ったそうで、工事現場の作業にあたった方から、「こんなにお礼を言ってくれる学校は初めてです。1人や2人ではありません。たくさんの子どもが言ってくれました。」と喜んでおられました。工事が終わって穴を埋め戻すのは3日後の予定と言われていましたが、次の日には埋め戻されて整地されており、広く遊べるようになりました。もしかしたら、一日でも早くと急いでやってもらえたのかもしれません。感謝のことばは、大きな力をもってはたらきます。

季節の区切りは心の区切りになります。この春も、区切りをつけて子どもたちは進級します。

注

今年の学校は、４月になって１年間の終わりを迎えることにしました。…２０２０年３月から春休み期間まで新型コロナウイルス感染拡大防止のため休校にしていたため、３月の修業式を４月に行いました。

シーズン6

ぼくのノートも見てください

よく気がつく子どもがいました。教室にいる先生に伝えたいことがあって行くと、Aさんは、私の様子を見て、「誰をお探しですか？」と言い、先生のところまで案内してくれるような子どもでした。そのことを担任に伝えると、「Aさんは人の役に立ちたいと考えて行動しています。校長先生の望みをかなえて喜んでいました。」と教えてくれました。そのAさんの日記を見せてもらうと、ノートにびっしりと文字が書かれ、毎日の授業で特に心に留まった授業内容を選んで、前半に授業内容について説明し、後半は自分の考えを書いていました。自分がこの授業で何を学び、それについてどんな考えを持ったのかがわかるものでした。

6年生だったAさんは卒業しましたが、3年生や4年生の時の日記も見たくて、弟に訳を話して、お姉さんのノートを持ってきてもらいました。手に取れば、ノートに付箋があり、そこには「校長先生、ぼくのノートも見てください。」と記してありました。弟は3年生です。読めば、力いっぱい書き綴った日記でした。担任から指導されていることが良くできています。

①タイトルをつける　②初めに何について書くかを簡単に書き、次にその内容を書き、最後にまとめとして自分の考えを書く　③最後に使った漢字の数を数えて記入する——毎日できていました。特に3年生の漢字目標の25字は強い意志がなければできません。それが一日一日と積み上げられているノートでした。

それからは、Aさんの弟として見るのではなく、Aくんとしてその子を見るようになりました。Aくんは活発で、朝早く登校して外遊びをしていました。活発な子どもは真剣に遊ぶので、勝ち負けや友達の言動が気に入らないことがあります。相手と「考えのずれ」が生じます。時には考えのずれからもめたのでしょうか、言い合っても解決しないのでその場から離れて、教室に戻ることもありました。そんなとき、思い通りにならない顔を私に見せることもありましたが、それ以上私に言って来ませんでした。私が解決する課題ではなく、自分の課題だと考えている賢さを感じました。

5年生になって、ひと回り大きくなりました。思い通りにならないことも自分で解決する力を蓄えたようです。これまでの日記のノートを貸してほしいと頼んだら、机の中からノートを差し出してくれました。いつでも出せる用意をしてくれていました。先日、お父さんに会う機会があり、Ａくんのこれまでのことを話したら、すべて知っておられました。「毎日息子と話す時間が取れないが、妻とは子どもの話を週1回持つことにしている。」と聞きました。お父さんはいつも見てくれている、良い行いをしても、心の弱い行いをしても受け入れてくれる、いっしょに考え、喜んでくれる、そんなＡくん姉弟の声が聞こえてくるようでした。

……今は休校中。顔を合わせることはできませんが、Ａくんに「ノートを見せてください」と言える日を待つことにします。

目覚めた体

外出の自粛で、家の中で過ごす日が続いています。長い休校ですからいろいろなことが気にかかります。学習のこと、仲間づくりのこと、社会性を養うことといった、ふだん学校で学んでいることを学校再開後どう展開していくか、教育内容を組み立て直しています。

先日、ある親御さんから、「毎日学校で決められた勉強をして、兄弟で楽しく遊んでいますが、体が丸くなっています。」と聞きました。勉強のことや心のことについてはいろいろ工夫してやっておられるのでしょう。長い休校を受け入れておられ、教育をしている家庭の話を聞くと、教師も今やっていることに力が湧いてきます。そんな家庭でも、運動不足は何ともしがたいようです。外出を控えて家で過ごす時間が続いているのですから、運動が足りないのはどの家庭も言えることかと思います。

学校での運動と言えば、体育や休み時間に行います。体を動かし、運動能力や体力を上げていますが、大きな負荷のかかる強い運動を長い時間やっているわけではありません。ただ、一日の学校生活での子どもの活動は、身体を保持し、健康の維持につながっています。子どもはランドセルを背負って乗り物に乗り、あるいは徒歩で行き帰りします。学校では階段を何度も上り下りします。授業の初めと終わりは姿勢を正して礼をし、授業中は背筋を伸ばして教科書を読み、ノートを取ります。話を聞くときも話す人に体を向けます。朝読書でもそうですが、机について椅子の背に寄りかかることはほとんどありません。小学生は、これらの授業のしつけを学んで、休み時間になればしっかり遊び、毎日学校に通うことで、身体機能が保持され、授業に集中できる体になります。新学年の教室では上級生も意識して心がけていきますし、特に1年生は1年かけて授業のしつけを身につけていきます。

今、家庭で子どもはどんな姿勢で生活しているでしょうか？寝転がってテレビを見ること、ほおづえをついて本を読むことが当たり前になっていれば、学校生活が始まったときが心配です。学校が始まれば、はりきって授業を受けるのですが、3日もたてばへばってしまいます。姿勢が崩れて授業に集中できないことは長い夏休み明けにもあることで、教師は授業の初めに子どもの背伸びをさせたり、ときには早く授業を終えたりしながら子どもの体が目覚めるのを待ちます。3日もたてば体が目覚めて授業のしつけができてきます。しかし、先ほどの親御さんから聞いた「丸くなった体」では、夏休み明けと違って時間がかかりそうです。ごろごろ生活で体が丸くなったとしても、家庭での食事や読書の姿勢や学習中の姿勢は、学校のしつけに合わせてもよいのではと思います。

姿勢を正して学習する学校生活がない今、家庭生活で姿勢を保つことに目を向け、机について両足をぴたりと床につけ、背筋を伸ばして勉強することは大事なことです。健全な心も確かな学びも、目覚めた体があってのことです。

未来は自分で決めることができる

学校の授業を受けることができない日が続きます。授業では教師が学習課題を設定しますが、子どもがやる気になる工夫をします。ときには子どもの意見を取り入れて学習課題を決めることもします。やってみたいなあ、どうなるんだろうと好奇心や疑問から学習課題を見つけていきます。課題設定をした後は、自身の知識や技能を使って課題に向かうのですが、子どもと教師で課題を解決する方法や道筋を考えていくので、子どもは教師の力を借りながら学ぶことを身につけていきます。これらのことを自ら学ぶ力といい、学力はこの自ら学ぶ力と知識・技能の両輪でつきます。このような授業を経験しているので、新しい学習が始まるとき、「学習課題を自分で決めた」「この課題なら前の時にやった方法でやればなんとかなりそうだ」「まとめの学習では新聞を作って発表したい」というように、課題を考えて選び、学習方法をどうするか判断し、理解したことをどう表現するかを考えるようになります。つまり、思考・判断・表現という自ら学ぶ力をつけることをするようになります。

そうなってくると、ものの考え方も変わってくるもので、忘れ物が最近多くなってきたからクラスで話し合いたいと子どもが自治的な活動をするようになります。

担任をしていた頃、クラスにおとなしい子どもがいました。その分じっくり考えることが好きで、人前ではその考えたことを発表することはないのですが、人の意見を聞いてもう一度考えるような子どもでした。自分からアイデアを出さないけれど、みんなで力を合わせてやることは好きでした。クラスの企画でオリンピックをしようとなれば、種目を書いて告知したり、メダルを作ったりして楽しんでいました。面白いアイデアや建設的な意見を出すのは大事なことですが、汗をかく人がいなければ実現しません。それができるのがこの子でした。この子が卒業して中学3年生になったとき、生徒会に入ったようで、高校では生徒会長を務めたと聞きました。

その後、大学進学が決まって訪ねてくれました。生徒会で活躍したことを言えば、こう話してくれました。「先生、おとなしかった私が意外に思うでしょう。引っ込み思案だった私に友達が、あなたは『何が問題で、どうしたらよいか考え、実行する力がある』と言ってくれて、それがきっかけで生徒会に入ってみようと思いました。私は引っ込み思案ではなくて、人より行動するまでに時間がかかるんだと思うようになりました。今も時間がかかります。1年浪人して大学に入りました。おかげで、勉強の仕方が分かりました。大学に入ってからもそれが私の強みです。」この子は、自分の持ち味や現状をとらえ直すことで、自分で未来を切り開いているのです。

今、学校の授業を受けることができませんが、それを大人が嘆いても状況は良くならず、子どもの力にはなれません。学校に行けないことの意味は、自分の頭で考え、判断し、実行するチャンスがきたと、この状況をとらえ直してみてはどうでしょう。子どもも自身が、今は自分の力を試すときだと意味づけるなら、自ら学ぶ力をつけていくことができます。親御さんも教師も意味づけを変えることができれば、子どもの力になってやれるのではないかと考えます。

ほめているんですけど……

休校で家庭生活が続きます。4年生のお母さんと話をする機会がありました。学校では先生の言うことを聞いているようなのだが、家では親の言うことを聞かなくなったと困っておられました。詳しく聞きますと、「校長先生はうちの子どものよい点を見つけてほめてくださるのですが、家では叱ることが多くなります。先生のように家でもよいところはほめています。毎日のようにほめているのによくなりません。ほめても叱ってもよくなりません。」と言われました。――私が教師になりたての頃を思い出しました。その頃は一つ叱ったら一つはほめなさいと、ほめて育てることが盛んに言われていました。確かにほめることは悪いことではありません。しかし、ほめるか、叱るか、どちらがいいかでは、子どもの心にはプラスに働きません。

今、私は朝、校舎前でのあいさつで顔を合わすくらいで、子どもの学校での様子を知るのはたまに休み時間に見かけるか、たまの授業参観で見る程度で、一人ひとりを見て子どもを知ることはありません。折にふれ、担任と授業内容について話すときに、子どものがんばりや優れた点を聞くことがあり、それを直接子どもに、「きみは英語の授業で積極的に声を出すようにしているんだね。正しい発音ができていると聞いたよ。」と言うことがあります。ただ、ほめているのではありません。がんばりがうれしくて、それを先生が認めていることが単にうれしいだけです。子どものがんばりを喜び、そのがんばりを先生が知っていることを子どもと喜んでいるだけです。ほめようとしてがんばりを「えらかったね。」とは言いません。一緒に喜びたいだけなので、あえて言うなら「よかったなあ。」です。

担任をしていた頃、個人懇談でお母さんと話したときのことです。話し終わった後、そばでおとなしく待っていた子どもにお母さんが、「静かに待って、えらかったね。」と言われました。確かにいい子にしていたのでえらいのですが、えらいということは、上の者が下の者に言うことばです。小学生でも4年生くらいになると親を人として見るようになるので、うれしいとは思いません。おしゃまな女の子なら大人びたことを2年生くらいで言いだします。そんな発達段階の子どもに、「えらかったね。」はほめることばにはなりません。上下関係を拒んで背伸びしている者に、「えらい」では、反発するだけです。そんな子どもには、「待っていてくれて、ありがとう。」と言います。人前で親から一人前に扱ってもらえるのはうれしいものです。

子どもが上下関係を認めている人から、「静かに待ってえらかったね。」「手伝いをしてりっぱだ。」と言われると、力が湧いてきます。私は、子どもにとって遠い存在で上下の信頼関係ではないので、「静かに待ってくれてありがとう。」「手伝ってくれて助かるよ。」と言います。

子どもの発達と子どもとの関係を理解して指導していくのが良いと思います。

助けられた対等関係

休校での家庭生活が続きます。先日のオンライン個人懇談では、担任からこんな話を聞きました。「親子でふだんできないことをしています。親も在宅勤務で家にいるので初めての体験を楽しもうと思っています。」「動画配信された授業を一緒に見て、自分が小学生のときのことを思い出しながら楽しんでいます。」「動画を見て、子どもをやる気にさせる動機づけがいいなと思いました。親もひと工夫で学習がおもしろくなるようにしてみます。」――この状況を受け入れ、家庭生活の「意味づけ」がなされており、うれしく思います。

「家庭生活が長いと子どもを叱ることが多くなってしまいます。」と親御さんから聞きました。一日中ですから子どもの様子がよく見えて、叱ることも見えてくるのではと思います。学校でも同じで、一つ叱ることが増えればもう一つ見つかり、叱る出来事が繰り返されれば叱りつけることになります。

私が担任をしていた時、子どもを毎日のように叱っていました。目指す子どもの姿があって、そこに向けて目標を立てて、指導内容と方法を考えて授業をするのですが、思い通りになりませんでした。子どもの生活態度にしても同じことで、思い通りにはなりません。それでも今度こそと子どもに期待し、うまくいかないのでまたかと腹が立ち、「どうしてできないのか。」と叱りました。今にして思えば、どうしてか?と言われても子どもは答えられません。子ども自ら考えて行動する力を育てていないので全くの力不足でした。毎日叱ると、子どもは教師の顔色を見て行動するものです。叱られたくないので、叱られないように振る舞うしかありません。それでも子どもというのは、たいしたものです。叱りつけることをしていても、課題を自分のこととしてとらえて、考えて行動することがあるのです。自分をもっと高めたい、より良くしたいと学習し、理想の姿を求めていくのです。それでずいぶん助けられました。

助けられたというのは、こういうことです。授業が思い通りにならないとき、子どもがそれを打開する発言をすることがあります。「はじめのAくんの意見について考えたら、みんなの意見よりももっと良い解き方ができた。」と子ども同士で新しい発見をすることがあります。そういう場面を重ねていくと、次も自分たちで解決してみたい、この考えだけでよいのだろうかと思考を前に向けるようになりました。そうなると授業での子どもとの関係は、叱る人と叱られる人ではなくなりました。対等な関係になって授業すると、子どもが助けてくれました。子どもは、「今日の授業はおもしろかった。」「なるほど、Aくんの考えでよくわかった。」と喜びや感謝の心持ちで、心の通う学習ができました。

私が親御さんに、「家で子どもと楽しく生活して、えらかったね。」と言えば変です。子どもだって、上下関係の「えらかったね」よりも、「助かるよ」「ありがとう」の対等関係のことばの方が、ぼくは家族に必要とされているんだ、こんなことで喜んでくれるんだと自覚し、主体的な生活や学習ができると思います。

明日への希望が持てるところ

1年生の登校日がありました。〈注〉「校長先生、おはようございます。」とあいさつをする1年生がいます。あいさつのことばのあとには礼をして、ことばと所作のていねいなあいさつができます。あいさつが上手ですよと言えば、お礼のことばも返せます。話し上手な子どもは続けて、「しつけの本〈注〉を見てお母さんと練習したの。」と言います。もう少し話がしたくなって、「私が校長先生だとよくわかりましたね。」と言えば、「お母さんが、あの人が校長先生ですよと教えてくれたから。」と後ろにいるお母さんに目を向けました。そばにいた子どもが、「私もわかります。学校のパンフレットと顔が同じだもの。」と胸を張っていました。家庭のご指導のおかげです。あいさつをすることから、その次のことばが生まれ、教室で出会う担任や仲間と心が通い、人が好きになります。人と仲良くなる学びの始まりです。

あいさつのあとは、私が手指消毒液をスプレーでシュッと両手に吹きかけました。「ありがとうございました。」と感謝のことばが言える子どもが数人いました。幼稚園や保育園でお礼のことばを言う習慣をつけてもらっているのでしょうか。一方、無言で両手を差し出し、シュッとされたらさっさと教室に入る子どもがたくさんいます。そんな子どもは出会った時のあいさつもていねいにできません。1年生は純粋で無垢ですから、これからゆっくりじっくりと良い習慣を身につけていきます。授業前の朝の時間だけとっても、あいさつ、靴そろえや身支度、授業準備とたくさんのしつけがあります。入門期のはじめの1週間に朝のあいさつや靴そろえなどを少しずつ覚えますが、ひとつ、ていねいにできることをめあてにします。朝のひとつの習慣が身につくと、心が整います。心が整えば、次にもうひとつの習慣も身についていきます。

下級生は上級生を見て学びます。上級生と出会った時のことばと所作や、人からしてもらったときの感謝のことばが教えになります。学校の始まりの時期は、1年生の教室に6年生が来て朝の支度を教えてくれます。2年生から5年生も授業や行事でかかわります。そうなると上級生の○○くんのようになりたいと憧れを持ち始めます。憧れの人には近づきたいものです。また、教室の担任や仲間が好きになり、好きな人の使うあいさつことばや所作を真似てみたくなります。

学校で学ぶためにもっとも大事なことは健康です。期待や緊張、不安に負けず立ち向かうには健康、憧れや夢を持つにも健康でなければなりません。期待や緊張や不安はあって当然で、それを乗り越えるから学びの喜びがあり、意欲が出てきます。不健康だと緊張や不安はストレスに変わり、乗り越えることに力が向きません。これまで長い休みでごろごろ生活にならざるを得ない状況でした。これからしばらくの間は、正しい姿勢での食事や読書や学習、運動としての外遊びを大事にします。「また明日、学校に行きたいな」「明日は何ができるかな」と思える学校にするのが今必要です。学校は学ぶところですが、健康な体で「明日への希望が持てるところ」にしていきます。

注

1年生の登校日がありました…新型コロナウイルス感染拡大防止のため入学式後から5月末まで休校でした。6月の学校再開に向けて5月末に登校日を設けました。

しつけの本…家庭生活・学校生活の基本・学習の三章からなる本校のしつけ教育についてまとめた『安田式しつけ教育』という書籍。2014年出版。

6年生の美しい姿

今年の春は、長い家庭生活が続きました。夏休みとは違い、外出自粛で、いつになったら学校が始まるのかわからない中での家庭生活でした。6月になって学校が始まり、子どもは笑顔で過ごしています。子どもの日記を見せてもらうと、久しぶりに仲間と遊べる喜びや教室で学べる楽しさが綴られています。

「音楽では歌を大きな声で歌えないのですが、心で思い切り歌っています。歌う代わりに作曲の勉強があると聞き、早くやってみたくなりました。」（6年生の日記より）

休み時間は、サッカーや鬼ごっこが楽しくて汗びっしょりになって遊び、授業では、背筋をぴんと伸ばして話す人に体を向けて聞くことを大事にしているので、久しぶりの学校は日が経つにつれてつらくなっている子どもがいます。急な気温の上昇もあり、配慮が必要です。

子どもは日常の授業と遊びで育ちます。そして、行事で子どもは育ちます。その行事ができません。特に、宿泊を伴う学習ができないことは、子どもと教師にとってつらいことです。応援してくださる親御さんも同じ思いです。それに代わるものを考えてみても答えは出てきません。ある新聞のコラムに、これからの時代に求められる力は、対応力と読み解く力だとありました。今まさに私たち大人は、この力を発揮して、課題を見極め、アイデアを出し、信念をもって実行するときです。そして、学校はこれからの時代を担う子どもに対応力と読み解く力を養うときです。これは時間のかかることですが、できない授業や行事は6年生にとって来年に繰り越せません。できなかったで終わりにせず、宿泊学習はできなかった、でも、目指す目標はほかのことでやり切ったとしなければなりません。

昨年、掃除の時間を25分から15分に短くしました。掃除の内容はほぼ変えないで、5年生と6年生にやってごらんと課題を出しました。6年生は、「やってみます。」と答え、黙ってやることと役割を明確にしてやることを考え出し、成功するグループがたくさん出ました。5年生も「やってみます。」と言いました。たった一人、「内容が同じで10分も短縮は無理です。」と言いましたが、「そこを何とかするのがきみだ。」と言って、始めました。1年を経て、答えを聞いてみました。時間短縮のために反省会をなくし、その分次の日の役割分担が話し合えないので、目で合図を送りながら時間内でやっています。10分は無理と言った子どもは、「できないときとできるときがある、できるときは班長が的確な指示を出せているときだ。」と言いました。無理を承知で始めた子どももアイデアを出して実行していました。

この6年生の対応力には希望が見えます。今の6年生なら授業も行事もできなかったでは終わらないと思います。掃除で黙々と目で合図を送る6年生は美しく、無駄な動きがありません。6年生の、授業で前を向いて一心に課題に向かう単純な姿こそ、凝縮された美しさがあります。

ぼくは無理しなくてもできる

子どもたちには夢を持ってチャレンジしようと話しています。

チャレンジ

休校が始まって1か月が経とうとしています。わたしはこの休校中、読書記録カードを書くことと高い鉄棒で逆上がりを成功させることにチャレンジしています。

読書記録は、勉強の間の休憩で毎回やるようにしています。逆上がりは、下の公園に行ったときにいつもチャレンジしています。そして、昨日成功しました。

すごく達成感があってうれしかったです。

（6年生の日記より）

この6年生のように、自ら目標に向かって突き進んでほしいと願っています。それは、自分の将来を切り開く力になることであり、小学校ではなく、もう少し先のことを見据えているからです。夢が実現するようなチャレンジのチャンスがやってきたとき、失敗を恐れて一歩が踏み出せないようではいけません。そうならないように幼いうちからどんなことにもチャレンジしてほしい、失敗からも学ぶ子どもになってほしいと思うのです。しかし、幼児期からチャレンジを連呼されている子どもは、無理してチャレンジをしています。失敗は避けたいですし、人に弱みは見せたくないですから、見せかけのチャレンジをするのです。

昨年、2年生の竹馬の練習を見る機会がありました。その2年生は竹馬に片足をのせてすぐに落ちてしまいました。2、3回やったあと首を傾げ、「できないなあ。」と言ってやめてしまいました。それでもまたやって来て数回試みますが、すぐに落ちて、やめてしまいます。そのうちに、両足で乗れるようになりましたが、前には進めません。何度か、やって来ましたが、うまくなりません。どうやら、私がその場を離れるとやめていたようです。昨日は1歩進んだとか、汗で手が滑るとか言って、チャレンジをアピールするのですが、やらないのですから上達はしません。見せかけのチャレンジが続き、見てくれ、3歩進めたと校長室にやって来て言います。3歩できたりできなかったりですが、「つぎは10歩だ！」と言います。5歩にしておけばいいのにと思いましたが、「もっとだ、100mだ、向こうの校舎までにしなさい。」と言ってやりました。「ええっ！それは無理です。10歩にしておきます。」と見せかけではない、本音を言うようになりました。数日して10歩を成功させ、100mにチャレンジしました。何度も途中で落ちましたが、「明日は絶対できる。」と言って、成功するまでやり切りました。

見せかけのチャレンジをする子どもには、発想を変えてもいいのかなと思います。チャレンジを失敗ではなく、成功に向かっている途中だ、きっと明日はできる。そして、上手になりたい、上手になってとあの向こうまでと希望を光にするのです。竹馬の子どもは3年生になりました。竹馬の何倍も難しい一輪車に乗って見せ、言いました。

「校長先生、ぼくは無理しなくてもできるようになった、今は何でもできる気がする。」

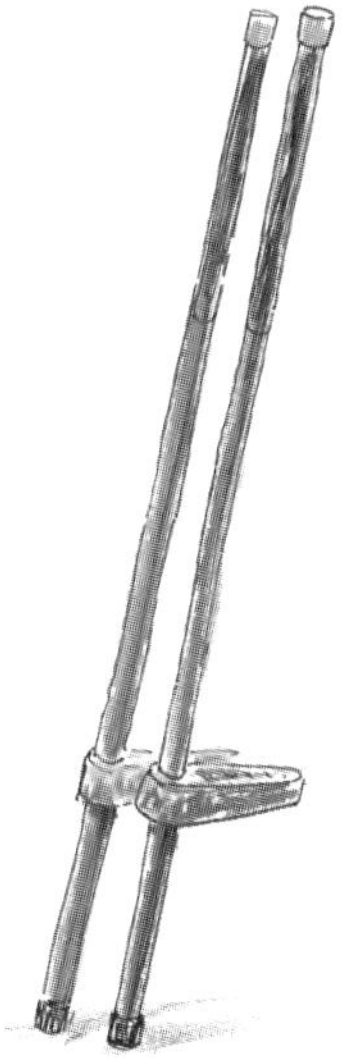

ことばで人間力を育てる

この子がもう少し、ていねいなことばを使えたら、こうはならなかったのにと思うことがあります。ていねいなことばを使えば心が穏やかになり、穏やかになれば使うことばも心あることばに変わるものです。そうすれば仲間との関係も良好になります。そうすれば授業でも自分の考えを人に伝えたくなり、人の考えを聞きたくなり、学び合うクラスになります。ていねいなことばで信頼関係ができ、わかり合えます。ただ、わかり合えなくて、学校ではけんかをすることもあります。そのけんかのほとんどは汚いことばから始まります。

校長室にいて、元気のいい声がグラウンドから聞こえてきます。体育の授業で、大きな声で仲間のプレーを応援し、よいプレーがあれば賞賛のことばや拍手が聞こえてきました。見ればキックベースボールをしていました。ていねいではないことばも耳に入ってきました。名前を呼び捨てにしているのです。そのことばの後には汚いことばが続きます。それでも仲間は腹を立てる様子ではありません。けんかになりませんでした。体育が終わって、汚いことばを言われた子どもに「腹が立ったでしょ。」と聞いてみれば、「そんなこと気にしていません、済んだことですから。」と、賢い対応をしていました。ていねいなことばを使う、仲間の称賛の声や拍手があれば、たった一人の汚いことばはたいしたことないのでしょう。このとき、ずいぶん前の、意地悪されると訴えてきた子どものことが思い出されました。「先生、ぼくはいつもみんなから責められる。ぼくを遊びに入れてくれない。」と泣きながら訴えてきました。この出来事を目にしていないのですぐには何ともできなかったのですが、仲間と遊んでいる様子を見れば、意地悪されると訴えた子どもの使うことばが、汚い意地悪なことばでした。「そんなのつまらない。」「おい、下手くそ。」「それなら、もうやめた。」――その子どもには時を待って他の子どもの汚いことばがあれば聞かせて、これをきみは繰り返しているんだと気づかせました。

「校長先生、ナスとキュウリです。」朝のあいさつのとき、1年生が袋を私に差し出しました。「夏野菜をどうして先生に?」と聞けば、「お母さんが、これを校長先生にあげてねと言ったので、持ってきました。」と話してくれました。学校が始まってひと月、私のことはよく知らないはずです。お母さんの頼み事を受けてよく知らない人に用件を話すのは難しいことです。しかも、単文ではなく、「〇〇なので、〇〇しました。」と話せるのですから立派です。子どもに頼むに当たって、ていねいなことばの指導が家庭であったのでしょう。ことばの文化が家庭にあり、ていねいなことばを大事にされていることをうれしく思いました。

先日、3年生に道徳の授業「あいさつの力」をした時のことです。2年生の時にていねいなことばが使えず、人に対して不満をもらしていた子どもが、授業の終わりに、「あいさつには力があります。人との関係をよくする力があります。」と自分の考えを発言しました。そのことばの意味を問えば、「けんかしたのだけれどあいさつをすれば関係がよくなりました。」と話しました。これまでのていねいなことばの指導が、3年生になって少しずつですが実っています。ことばは人間力を育てるのです。

身近な植物から学べること

朝の学校は、早く登校してグラウンドに出て遊ぶ子どもたちでいっぱいです。ただ、少しだけ子どもとの距離を縮めてみると、見えなかったことが見えてきます。1年生が自分の鉢で育てているマリーゴールドに水やりをしていました。雨の日でも水やりをしている子どもがいます。聞けば、「早く大きくなってほしいから。」と言います。登校してすぐの行動ですから意気込みが違います。その純粋な意気込みに押されてか、近くにいる子どもたちは止めようとしません。水をやる子どもが考え直すか、そこに仲間が関わるのか、もう少し待ってみることにしました。

2年生が夏野菜を育てています。「先生、大変です。キュウリが食べられてしまいました。」と食べられたキュウリの端っこを差し出してきました。2年生になれば仲間との関係性が深まるので、大事件になります。食べられたキュウリを見て、話し始めました。きっと猫が食べたんだ。犬かもしれない。イノシシだと思う……。絵本の世界に入り込んだのか、知識を総動員して考えています。

「ねずみだよ、このかじったあとはねずみの歯の形をしている。」

「先生、わかりました。アリです。キュウリにアリがいました。」

「先生はどう思いますか？　先生、答えを言ってください。」

「だめだよ。自分たちで考えなくっちゃ。」

この課題もどうなるか、楽しみにしておきます。


時間が少しとれたので、校舎裏に植えられている草木を見に行きました。ちょうどムラサキシキブのつぼみがたくさんついて、一部だけ花も開いていました。いくつか草木を切り取って戻ると5年生2人が通りかかったので、生けてもらうことにしました。

「この花には、この花瓶が似合うね。」

「長さはどうする？ここで切ろうか？」

「それは切りすぎでしょ。これくらいがいいよ。差してみて。」

家庭で親御さんが生ける花を見ているのか、それとも、学校で体験した生け花教室をもとにしているのか、考えながらやっています。生けられた花を私が置くと、「向きをもう少し左にしてください。」と注文されました。

子どもの目線に立てば、見えなかったことが見えてきます。手をかけずに少しだけ待ってやれば、子どもの思考が働き始めます。子どもが考えて行動することは教師にとっても親御さんにとっても喜びです。学校では、子どもが身近な植物から課題を見つけ、仲間と考え、学んでいます。

光を見いだす人

感染症の話が出ない日はありません。感染者の増加が報道されれば、不安が大きくなります。人は不安が大きくなれば、その不安から逃れたいと思うものです。その不安は感染リスクを下げることにつながるのですが、不安から逃れることに心が強くはたらきだすと、自分を脅かしているものを排除したり、攻撃したりするものです。その一方で、こんなときこそ光を見つけようと懸命になっている人がいます。

今、世界中の研究者がウイルス研究を行っています。自身の感染リスクを抑えつつ、自分の課題として未知の脅威に向き合い、どうしたらよいか考え抜いて、行動を起こしています。しかも、研究成果をひとり占めすることなく発表されていると聞きました。研究を公表することによってウイルスの正体がほんの少しでも見えれば、そこから自分が今行っている研究に取り入れることや比較することが可能になります。自分の研究では気づかないことや足りないところが明らかになり、修正したり組み立て直したりできます。多くの人たちの研究結果の共有によって、研究が大きく進んでいるそうです。医療従事者も同じく、感染症拡大をどう抑えていくか考え、その対応と効果を公開し、よりよい成果を上げる取り組みがなされています。

6年生の算数の授業を見る機会がありました。

学習課題〈比の変化〉
Aくんと B くんの所持金の差は200円です。2人とも500円ずつ使ったので、2人の所持金の比は、7対5になりました。お金を使う前のAくんの所持金はいくら?

まずは、一人ひとりが解き方を考えていました。所持金を図にして考える約束にして、ノートに2人のお金の量を線の長さで表す(線分図)ことによって答えを導き出します。考えを初めに発表した子どもが、2人のお金の量を1本の線分図にして黒板に書いたものですから、何のことか理解しづらくなりました。授業が迷走するかと心配しましたが、別の子どもが黒板に出て2人のお金をそれぞれ線分図にしました。そして上下に起点をそろえて配置して説明したので、納得のいくものになりました。その線分図に触発されたのか、また別の子どもが2人の線分図の起点から500円をそれぞれ配した図にしました。「このほうが一目でわかってよいのでは。」と説明していました。みんなが納得のいく解き方はないだろうか、この解き方で本当によいのだろうか、もっと良い考え方はないだろうかと一人ひとりが考え、みんなで考えを共有する授業でした。

6年生には、人のために尽くすリーダーシップを身につけるよう話しています。大人になって自立貢献する人になってほしいと願ってのことです。この6年生たちは、未知のものに恐れることなく、自分のこととして考え、仲間と連帯し、光を見いだす人になれるはずです。

正しいアドバイスは役に立たない

テレビで教育のことが取り上げられ、コメンテーターが正しいことを言っている場面を見ることがあります。「安全指導を学校はもっとするべきだ。」「小学生から薬物の害を教えるべきだ。」と、誰が聞いても正しいことを言っています。それぞれ個別に目を向けると、どれも正しいのですが、それを指導したところで子どもの心をとらえ、心が揺さぶられ、自分の生活をより確かなものに変えるかどうかは疑問です。正しいアドバイスはたいてい役に立ちません。

私たち現場の教師も同じことをしていることがあります。算数が苦手な子どもに、「計算問題をしなさい。」とか、宿題忘れをする子どもに、「宿題をがんばれば算数が分かるようになります。」と言います。あるいは、廊下を走っている子どもに、「廊下を走るのはやめなさい。」と注意します。その場では走るのをやめますが、次の日はまた走ります。こちらが追い打ちをかけて、「昨日も言ったでしょ。廊下を走ってはいけません。」と強く言えば、おとなしく「はい」と答えるか、その場から逃げ出すかです。逃げ出してうまく注意から逃れることができれば、次の注意からも逃げます。逃れることができなければ、仕方ないのでその場かぎりの「はい」で逃れます。ここは黙っておとなしく聞いている方が得策と考えます。こうなればマイナスの学習です。正しいことを言っているが相手の心に響かなければ、そのアドバイスはまずは役に立ちません。私たち大人でも、「もっと早起きしよう。」「もっと車のスピードを落として運転しよう。」と忠告されて、それならと効果が出るものではありません。

人のやることに腹を立てて、文句を繰り返し言う子どもがいました。「人に文句を言うのはやめなさい。」と言いたくなりますが、この子が文句を言う背景は何か、文句をやめるにはどんなことが必要なのか、そして、この子が今課題にすることは何かと考えます。文句を言う背景に、幼いころから注意をされ続けてきたとわかれば、注意をいったん止めることにします。そして、笑顔で人と接することを課題にしました。子どもを見立てて、きっとこうだからうまくいくと教師が腹をくくって、子どもとの関係を作っていきます。関係ができれば、今課題にすることを子どもに決めさせることもします。実際、親御さんや担任が子どもへの注意をなくし、子どもと笑顔で話してもらいました。私にも笑顔であいさつし、「きょうもいいことがあるかなあ。」「きっといいことあるよ。」と会話している気分になりました。子ども本来の楽観性が表に出てきました。そうすると、やたらと腹を立てることがなくなりました。

これがいつも成功するわけではありません。もしかして失敗するかもしれないが、人は人によって変われるという信念と、この子どもの場合は「これだ」と決意が必要です。子どもは、なんとかしたいがどうにもならないともがいているわけですから、こちらも本気になって向き合うことです。責任のない正しいアドバイスは役に立ちません。お互いの心が通い合う話に持っていくには、信念と決意が大事です。

あなたにスマイル

私事ですが、近所にあいさつを交わす程度の付き合いのお宅があります。先日も見かけたので、「こんにちは。」と声をかけたのですが、声が返ってきません。聞けば、脳を患い、ことばが不明瞭で声を出すのも不自由になったとのことでした。それでも、私ににっこりと笑顔を向けてあいさつをしてくれました。こちらもうれしくなって、それ以来、数軒先の我が家から姿を見かけると、見失わないように駆け寄ってあいさつをしています。庭に季節の野菜を育てておられ、今は、キュウリに、トマトに、ナス、シシトウが肩寄せ合って色をつけていました。生き生きとした鮮やかな野菜とそれを不自由な体で一心に育てる笑顔の姿は、命への畏敬の念を感じました。

私共の広島だけでなく、世界中の人が感染症の不安を抱えています。苦悩や憤りの表情の映像や話を見聞きすると、これからも続く長いマラソンとはいえ、耐え難い心持ちになります。

5年生の学年通信に子どもの日記が載せられていました。この夏までの1学期の振り返りを授業でしたようです。日記には、4年生のときにあいさつがたくさんできなかったので5年生の1学期はあいさつをがんばろうと目標を立てたこと、ところが休校になってできなかったが、たくさんあいさつしても相手のことを考えてしなければ意味がないと考えたこと、そして今は、笑顔で相手の目を見てあいさつをしていること、最後に、2学期は笑顔で相手の目を見て誰とでもあいさつしたいと結んでいました。この子どもの考えは「あなたにスマイル」、まさにそれでした。

今年は4月と5月が休校でした。6月から学校が始まり、笑顔でいっぱいの子どもたちが見られました。学校に行く喜びが笑顔になったのでしょうか。それだけではないように思います。私共教師も笑顔でした。学校が始まり、子どもを迎えることの喜びがありました。子どもと授業で向き合い、教え育てることの喜びがありました。この日記を書いた5年生の担任も毎朝笑顔を子どもに届けていました。子どもが授業で新しい発見をし、学習のめあてを成し遂げたときの笑顔を見ることが教師の喜びです。笑顔には、力があるのです。

子どもが伸びるとき

京都大学iPS細胞研究所の山中伸弥教授が、若いころ、自分の研究が大きく飛躍するきっかけになったことを話されていました。当時は一つの研究に力を注ぐのが良しとされていたが、新しいことに研究を切り替えたいと考え、どうしたものかと疑問に思っていたとき、ノーベル生理学・医学賞を受賞された利根川進氏に、その質問をしたそうです。利根川氏から「おもしろいと思うことをやればよいのです。」と言われ、iPS細胞の研究を始めたと聞きました。優れた力を発揮する人は、力を蓄えるときに、優れた指導者に出会っています。

1年生がヒマワリの種を持って来て、私の手のひらに一つ乗せてくれました。何も言わずにしたものですから、どうしたのですかと聞きました。1年生は栽培園を指さしながら、「あっちにヒマワリの種があったので拾って来ました。」と言って、自分の手のひらにもいくつかの種がありました。さらに聞けば、家に持ち帰って種をまくと言います。せっかく種に興味を持っているので、ヒマワリの植えてあるところに行ってみました。顔よりも大きな花に、びっしりと数えきれないほどの種がついていました。「種が花のところに詰まっている。」「一つの種からたくさんの種ができる。」と言います。実物を見て感じ取ったようです。それを見ていた3年生は「種を開けてみたらおもしろいよ、白いものが入っているよ。」と言うので、やり始めました。興味があってやってみて、不思議が見つかって、おもしろいとか美しいとか感じた出来事でした。3年生の担任は、理科の授業で興味を引き出し、子どもの学びにしていました。

昼ごはんが終わると、明日の予定を書くためにノートが担任から返されます。返してもらった1年生の女の子がそっとノートを開けて見ています。そばに行くと、自分の書いた日記のあとに書かれた担任の返事を読んでいました。

> あのね。たいいくでころがしドッジボールをしました。
> はじめは、ボールにあたってしまったけれど、つぎはうまくにげることができました。
> こんどは、わくのそとから、あてることができるようにしたいです。
> 〈担任の返事〉きょうは、アウトにするこつをいいましたが、うまくできたかな。

女の子はノートをそっと開いて、ていねいに読んでいました。「私が書いた日記を先生はどう思っているのか知りたい。毎日が楽しみ。」と言います。続いて、先生からアウトにすることを教えてもらって、やってみたけれどアウトにできなかったこと、もう一度やってみたらアウトにできたことも教えてくれました。興味を持って、やりたいことを目標にして、先生の教えを聞いて、やることを決めて、やってみる学習をしていました。

子どもが伸びるときの始まりは、興味や関心です。そこからやってみたいことが見つかって、何をどうしたらいいか考えて、行動するのが学習です。学習することで子どもは伸びます。子どもが伸びるとき、そこには優れた指導者がいます。子どもの心を受け止めて的確な指導をする教師がいます。

たくさんの出会い

毎日、急ぎ足で登校する子どもがいます。早く学校で仲間と遊びたいのだそうです。その思いが、私への「おはようございます。」と言う声に含まれています。はつらつとした笑顔にも含まれているようです。毎朝、ぎりぎりに登校する子どもがいました。ぎりぎりになると朝読書に間に合いません。1学期の終わりの懇談会の折、親御さんに少し早い登校をお願いしたところ、さっそく2学期から登校が早くなりました。その子どもは穏やかな顔で登校するようになりました。心にゆとりがあれば顔つきも変わります。今日も早いねと言えば、笑顔で「はい。」と返事ができます。心にゆとりがあれば聞く耳も持てます。心にゆとりがあって聞く耳を持てば、心が前向きになります。仲間ができます。

自分のやりたいことがあって、楽しんでやっている子どもがいます。楽しいのですが、決して楽なことではありません。子どもというのは楽なことを楽しいとは思いません。やりたいことがやれて上手になるとか、成功するとかするから楽しいのです。上達や成功には人並み以上の努力が要ります。３年生の男の子がひとりで一輪車に乗る練習をしていました。小さな積み重ねですから上達しているかどうかわかりません。それでもやっています。それを見ているかなり上手な子どもが○○くんはすごいと一目置いています。隣では女の子が上手な仲間にくっついて練習しています。仲間がいても自分だけできないのでつまらないだろうにと思うのですが、努力を楽しんでいるかのようです。

６年生の親御さんに話を聞く機会がありました。その６年生は、やりたいことがたくさんあって、決して楽ではないのに楽しんでやる、できるまでやる子どもです。ご家庭のことを伺うと、幼稚園時代のことを話されました。鉄棒の逆上がりができるようになりたくて、毎朝幼稚園に行く前に練習をしたそうです。その練習は８月から毎日続き、11月にできるようになりました。こんなに長い間続ける子どもと付き合う親御さんに驚きました。手の皮がむけ、足が痛いと言ったかもしれません。でもやめるとも言わない、やめておこうとも言わないのです。「ほかの方から体操教室に通わせたらと言われましたが、そういうことではないのです。子どもにはとことんやらせてやりたいと思っています。」――とことんやる中で、自分で考える力を身につけます。試すこと、工夫すること、集中すること、続けることが自力でできて、どんなことにも自ら学ぶ子どもにと考えておられました。子どもにとって親御さんとの出会いが大きかったのです。

やりたいことがないと言う子どもがいます。そういう子どもは出会いのない子どもです。たくさんの人と出会っておもしろい世界の扉を開かれたならば、やりたいことが生まれます。たくさんの本を読んでその人物や時間や空間、事象を知ればそこに行ってみたくなるし、同じ体験をしてみたくなります。出会いによって影響を受け、自分の理想のモデルを持ち、チャレンジする楽しさや一歩踏み出す勇気が湧いてきます。

教育の質

全国の学校でＩＣＴ教育による単なる知識・技能だけではない未来を切り開くための資質や能力を伸ばす教育が行われています。特に今年はオンライン授業を行う学校が増え、報道でもオンライン授業を積極的に行っている学校が紹介されました。この春に休校が続き、小学校でもオンライン授業や授業動画配信を行いました。小学生はひとり学習になると授業に集中するのが難しいのですが、学習理解を図ることができました。それは、オンライン授業が良かったからではなく、家庭教育の質の高さがあったからです。親御さんが学校と同じように規則正しい生活を保ち、授業に向かう心と体を整えていたからこそです。オンライン授業について、「親も一緒に授業を受けて勉強しました。」「漢字はこうやって身につけていくんだとわかりました。」「英語の発音は難しいので繰り返し先生の発音を聞きました。」というように、親御さんの学校とともに教え育てる考えによって成り立ちました。授業で最も大事なことは、子どもの学びの姿です。目的をもって生き生きと学ぶ姿にするには、オンラインでも対面の授業でも、教育の質を問わなければなりません。

4年生の社会科の授業を見に行く機会がありました。学習課題は、レジ袋の有料化はSDGs〈注〉につながっているかというもの。17の目標を子どもにわかることばで説明した後、4つの資料が提示されました。国内のレジ袋の年間消費量とビニールなどのプラスチックごみが海の生き物に与える影響、レジ袋の原料、そして、世界で生産される食塩の多くはマイクロプラスチックが含まれていること、この4つの資料を読んで、レジ袋は17の目標のどれにつながるか考える授業でした。この授業で子どもは自分の生活と気候変動や健康が大きくかかわっていることを知りました。この学習は、5年生の食糧生産や工業生産、6年生の歴史や国際関係の学習で自分の生活と関連付けて考えるための、先を見すえた授業でした。単に食糧問題や環境問題を考える人ではなく、地球上の様々な問題を解決するために持続して複合的に手を打つ思考をする人にという願いを持った授業でした。

1年生の図工の授業で絵の具の3原色を使って色を作り、想像した花の絵を描く授業がありました。できあがった作品を見ると自分の色をめいめいが出しており、美しい色がそれぞれに見られました。翌朝、1年生に美しい色が出せたことを言ったところ、その子どもはうれしかったのでしょうか、担任にこの話を伝えました。喜びを信頼する人に聞いてもらえば喜びは大きくなります。喜びを「よかったね。うれしいね。」と喜んでもらえるのですから。担任は、「ありがとうございますと言えましたか？」と続け、子どもは「あっ。」と言いました。言えなかったことに気づき、次は言いたいなと心に留めたようです。「あっ。」の気づきが子どもの成長になります。ここに、喜びだけで終わらせない教師の指導がありました。

教育の質を問うことを学校は続けなければなりません。社会に出て自立貢献する人を育てることを念頭におき、授業や生徒指導はこれで良かったのかと問い続けていきます。

注

ＳＤＧｓ…「Sustainable Development Goals（持続可能な開発目標）」の略称。２０１５年9月の国連サミットで採択されたもので、国連加盟国が２０１６年から２０３０年までの15年間で達成するために掲げた目標。

よかったね　うれしいね

秋晴れの日が続きます。からっと晴れている日は気持ちいいものです。グラウンドの土が乾いて廊下にうっすらたまっていたので、朝のあいさつをやめて廊下を掃いていました。登校してくる子どもが、「ありがとうございます。」と言います。1年生も「ありがとうございます。」と言います。1年生でも考えがあってのことでしょうから、「あなたに良いことはしていないのにどうしてありがとうと言うのですか。」と聞いてみました。「ぼくたちの教室の前をきれいにしてくれてうれしいからです。」と答えました。親御さんや教師の指導が子どもの心に留まっており、「ありがとうございますと言えるあなたがいてくれてうれしいです。」と伝えました。

実りの秋です。全校朝会で秋に見られるハギの花や果物の話をしました。そうしたら、2年生がドングリを拾ったことを教えてくれました。みんなに見せようと袋に入れたドングリを手にしていました。それを聞いていた子どもが、「ドングリに虫が入っているかもしれないね。」と言いました。すると、親御さんに教えてもらったのでしょうか、虫食いのドングリにならないようお湯につけて虫を追い出したと話していました。いつもは私に話をしない子どもも話したくなったようで、家族で梨狩りに行ったことを話してきました。楽しい出来事は誰かに伝えたくなるものです。濃い色をした梨がおいしかったこと、お母さんがヘビを見つけて大声を出したことを今起きたかのように生き生きと話します。こちらが「ふうん。」と返せば、また話が続きます。お母さんの驚きの声が大きくておもしろかったこと、お父さんが足を痛めているけれど、もうだいぶ良くなって梨狩りにも行けたこと、家族のうれしい出来事でした。

かつて、「うちの子どもは学校の話をしないので、友だちが誰なのか、学校の様子がわからないのです。」と相談されたことがありました。おしゃべりをしてほしいのではなくて、楽しい出来事や困ったことがあれば知っておきたいと思われてのことです。詳しく聞けば、親御さんは子どもの話を聞き出そうとするあまり、「学校で何かあった?」を繰り返していました。そう言われるとなかなか言えないものです。「鉛筆がなくなった。」と言えば、「探したの?」「見つかったの?」と聞きだす問いが出ます。親御さんが聞き出すのではなくて、まずは、「ふうん、鉛筆がなくなったの。」オウム返しをすすめました。すると、「Aくんが間違って筆箱に入れていた。」ことが分かりました。オウム返しを続けてもらうと、「Aくんは足が速いんだよ。」

――「そうなの。」――「きょう、Aくんとかけっこしたんだよ。初めて勝ったよ。」とお母さんが聞きたかった友だちのことも話すようになりました。お母さんも、「よかったね。うれしいね。」のことばを言うようになりました。ことばで、物事を悲観するのではなく、肯定的に見る目が育ちます。子どもが本来持つ楽天性はこのことばから育ちます。

人のことばには力があります。親御さんの「よかったね。うれしいね。」は、子どもの心を育てる魔法のことばになります。

学校のヒーロー

生きる営みの中では思い通りにならないことがあります。思い通りにならないことの方が多いのかもしれません。それは、大人の世界のことではなく、生まれたときから始まります。我が事で思い通りにならないのですから、人を思い通りにすることは難しいものです。ところが、幼児のころから思い通りに大人がしてやって満足させていると、子どもは友だちを思い通りにしようとします。ところが、友だちは思い通りにならないので、不満を持つようになります。周りの友だちはそんな人のところには集まりません。学校は、社会で自立貢献する人を育てるところです。ですから、自分の思いとともに人の思いを受け止め、チームで一つのことを成し遂げる教育活動を積み重ねる学習をします。

5年生は今年2つの宿泊学習ができませんでした。1つは何年も前から楽しみにしていた学習、もう1つは新しい取り組みで自分たちで作り上げていく学習でした。それでも誰一人不満を口にする者はいませんでした。その代わりに何かできることはないか教師と子どもで考え、

5! Go Fun Day〈注〉という行事をしました。出発の朝、宿泊学習の中止について触れると、「校長先生、気にしないでください。私たちは今日の日を楽しみにしてきました。私たちの赤ずきんちゃんの劇を見ますか?」仲間と作り上げた劇のことや英語ゲームのことに胸躍らせていました。やり終えて、「よかったよ、よかったね。」と声を掛け合っていました。6年生も同じです。6年生になったらできる行事がいくつかあり、最後の宿泊学習もできませんでした。6年生には来年がありません。それでも不満は言いません。できないなら何ができるかを考え、自分たちの企画した行事や遠足で、どうやったら楽しくなるのか考えていました。5年生も6年生も思い通りにならず残念だったはずですが、不満にせず、何ができるかを考える方に心を向けたのは、親御さんのご指導があったことと思います。

5年生の国語教材に「大造じいさんとがん」〈注〉（椋鳩十）という作品があります。大造じいさんは猟師で、がん（雁）を獲物にしようとするのですが、がんの頭領の「残雪」によってことごとく失敗します。そこに、力の上回るハヤブサが現れ、「残雪」はハヤブサとの戦いに破れ、大きな傷を負います。大造じいさんが「残雪」のもとへ駆けつけたとき、最期の力を振りしぼり、羽を広げ対峙します。大造じいさんは、「残雪」をただの鳥ではなく英雄だと心を打たれます。たとえ力があっても、さらに力のあるものが現れ、思い通りにならないことが起こるのですが、ヒーローはなお戦おうとします。ウルトラマンやアンパンマンもヒーローです。ヒーローは正義の力を出して人気があるのですが、それだけではありません。ヒーローにも思い通りにはならないところがあるから人気があるのです。それでも正義のために戦う姿に感動し、憧れるのです。

5年生や6年生は、ヒーローです。思い通りにならなくても、そのことをとらえ直し、目的に向けてアイデアを出し、実現させる学校のヒーローです。学校は、社会に出て自立貢献するヒーローに育てます。

注

5! Go Fun Day…宿泊学習が中止になり、それに代わるものとして英語を使ったスポーツや劇を教師と子どもで企画しました。

大造じいさんとがん…大造じいさんとがん…椋鳩十による童話。老狩人の大造じいさんと利口な鳥であるガンの頭領「残雪」の知恵比べを描いた作品。

行事で子どもは育つ

「校長先生、私の作品を見てください。」

文化祭の作品展でのことです。カッターナイフを使った紙工作で家を作った子どもが声をかけてきました。自分の作りたい思いや叶えたい願いがあって、それが形になっているのが作品ですから、人に伝えたくなります。たまたまそばにいた私に作品の説明をしてくれました。作品展では多くの人に見てもらえるので、目的意識が高く、普段より一層力が入ります。ですから、「カッターナイフを適切に使う」という技能はより身につきます。どんな家にしようかと構想力も高まります。身近な材料を集めて材料からの発想力もつきます。うまくいかないので、ある部分をこう変えようと修正する力もつきます。紙工作で、家の壁の面にひねりが入っておもしろい形になっていたので聞けば、下の細いところがあったからぐらぐらしてしまい、それをひねって隣の壁にくっつけたらうまくいったと言います。どうやってこの壁を作ったのかという質問に、ていねいに的確に答えました。人に伝えたくなれば、話す力もつきます。硬筆や毛筆のコンクール作品も同じことです。入選を目指して、見てもらえることを目標に練習し、練習すれば字がきれいになることがうれしくて、もっと良くしようと頑張ります。朝出会ったときにコンクールに入選するために何をどうしているのか説明する子もいます。国語のスピーチコンクールも英語スピーチのコンテストも運動会の競技もそうです。大きな舞台があれば、日常の学習が勢いづいて子どもは育ちます。

行事をするには汗を流す人が必要です。文化祭は5年生と6年生が展示用のパネルを運んで組み立てます。先生から指示されたことですが、楽しいと言いながらやっています。どう見ても楽しい作業ではありませんが、自分たちで文化祭の準備をしていると受け止めているので楽しいのです。主体的に汗を流し、その心地よさを味わうことは、これから先の中学校や高校で教師の手を離れて自分たちで作り上げる文化祭や体育祭につながり、その主体的な活動は社会に出てもチームで一つの仕事をやり遂げるときに生きてきます。

教え子が親になり、学校に来てボランティアで茶道教室を手伝ってくれています。昔から、行事の準備や片付けを笑顔でやる子どもでした。人がやろうとしないことを進んでやる子どもでした。掃除でも誰もしないなら私がしますと行動していました。今も気持ち良く裏方に徹してやってくれています。そんな姿を子どもたちは見ています。有り難いなと心で感じた子どもはお礼を言っています。子どもは汗を流す人を見て、一つのことが成し遂げられることを知って育ちます。

文化祭でも運動会でも目的意識を持って活動することで、能力を伸ばします。5、6年生は行事を作り上げる喜びを働く力として蓄えます。5、6年生や親御さんの働く姿を見た子どもたちは、目的に向かって汗を流す人になれます。

朝は「ていねい」の学習の時間

朝の空気が冷たくなりましたが、たくさんの子どもたちが早く登校してきます。教室に入って宿題のノートやワークブックを広げて出し、1時間目の授業で使う教科書やノートを机の上にそろえます。そして、上着を脱いで動きやすい服装に着替えて学校生活を整えます。早く登校する子どもは、グラウンドに出てサッカーやドッジボールや一輪車などやりたい遊びをそれぞれ集まってしています。いちばん早く登校する子どもは朝読書が始まるまで約1時間たっぷり遊んでいます。遊びたい仲間が集まり、そこでルールを学び、人間関係を作ります。机では学べないかけがえのない朝の時間です。朝の時間は、私にとっても貴重な時間です。一人ひとりと顔を合わすのは朝の登校時間だけで、「ていねい」の学習の時間です。

朝、私が立つ横で子どもは手指の消毒をしています。消毒液を置いた机が、子どもがこぼした消毒液でびしょびしょになっていることを全校朝会で話しました。次の日の朝、話を聞くことができた子どもは、こぼさないようにていねいにポンプの部分を押して手のひらに取っていました。ていねいに話を聞けば、よく考えて行動するようになります。ていねいにものを使えば人も大切にします。ていねいなあいさつができる子どもは、私に「おはようございます。」と言って、そのあと、礼をします。ていねいにことばで話す、ていねいに話を聞く、ていねいにものを扱い、ていねいな所作をすることが他のていねいな習慣を生み、心が落ち着きます。よく考えて行動し、人にやさしく、賢くなれます。

朝、校舎の入口の鍵を開けるとき、すでにたくさんの子どもが待っているのですが、3年生はいちばん遊びたい時期なのでしょうか、扉の前に30人ほど並んでいます。前の方に並んでいる子どもは鍵を開けるやいなや教室に向かっています。同じ扉から入る5年生もたくさんいますが、先は争いません。3年生が入ってから扉に向かいます。教室までの廊下や階段は落ち着いて歩くものですが、3年生はていねいの心よりも早く遊びたい気持ちが上回っています。5年生のお先にどうぞの心になれば気持ちいいのですが、ていねいの指導は道半ばです。ていねいの心地よさがわかる子どもをひとりふたりと増やし、時間をかけて本物にしていきます。

毎朝、元気いっぱいのあいさつをする子どもが、いつもと様子が違います。今朝はお母さんとけんかしたようです。布団の端をそろえてたたまなかったことをお母さんに注意されて、「ほんの少しだけだからいいじゃないか。」と言い返し、けんかしたと言います。この子どもは、学校で「ていねい」のできる子どもです。叱られたことですが、ていねいに的確に話しました。親御さんのていねいの教えがあって、学校でのていねいなことばや所作が身につき、本物になっているのだと思いました。

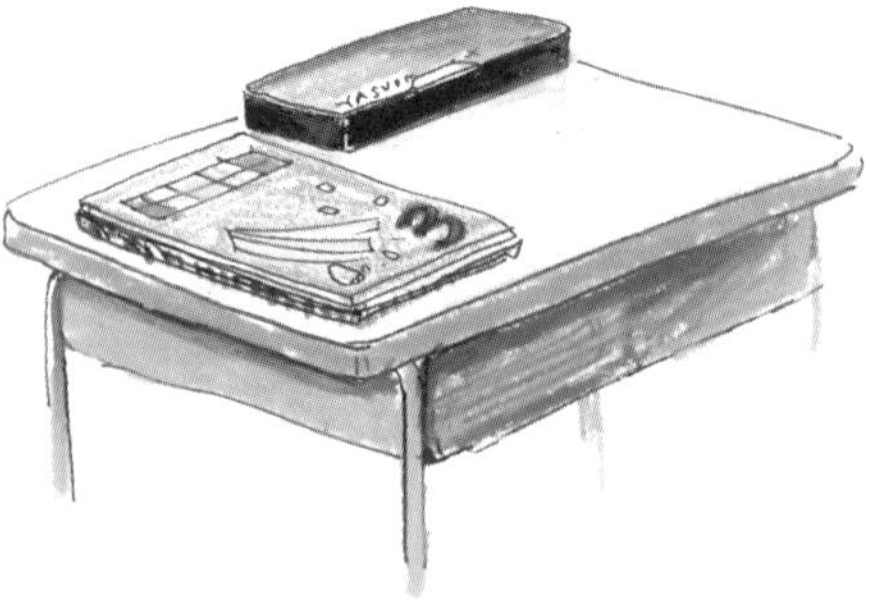

ものを大切にする

長年ランドセルを卸している方から聞いた話です。「ランドセルの修理で店に来られ、ものを見ればその方がどんな人かわかります。」ものがあふれている豊かなことは有り難いことで、私が子どもだった頃に戻りたいとは思いません。思いがけぬ雨になれば近くのコンビニエンスストアで傘を買い求めることができますし、不織布のマスクには毎日お世話になっています。使い捨ての便利な時代で私たちは豊かさを享受していますが、学校ではものを大切にすることを教えています。

学校には落とし物が届いてきます。グラウンドに転がったボール、教室の床に転がった消しゴムを持ち主が取りに来ないところをみると、困っていないのでしょう。防寒用の手袋をなくす子どもがいます。明日の朝困るだろうにと言えば、「家に別の手袋があるから大丈夫。」と言います。「まあ、なんとかなる」と思っています。親御さんから、「家で探してみたのですが見つからず、学校でも探してもらえませんか。」と言われることがあります。私が担任をしていたときは、子どもと一緒に探しませんでした。本人の不注意でなくしたものであれば、本人に探させました。まあ、なんとかなると思っている子どもですから、自分でなんとかするのがよいのです。それよりも大事なことがあります。忘れ物をする、あるいは、ものをなくす子どもは、心をなくしている子どもです。大人並みの忙しい生活を送る子どもは、忘れ物をしがちです。時間にゆとりを持たせれば直ります。忘れ物をせず、ものをなくさない子どもは、生活時間にゆとりがあり、落ち着いています。

ものをなくさない子どもは整理整頓が上手です。ものを大切にすることの表れが整理整頓で、何がどこにあるかわかって取り出し、使ったものを収めることができます。ですから、ものをなくしてしまう子どもには、一緒に探すのではなく、整理整頓を教えます。忘れ物やものをなくす子どもの机の横には大きなバッグが1つか2つ掛かり、ものがあふれています。不用のものは持ち帰り、バッグは1つにしてものを減らします。机の上に準備した教科書やノートは端をそろえ、使った鉛筆と消しゴムは授業の終わりに収めさせます。「使ったら……収める」を合言葉に、はじめは、やらされる学習ですが、続けていけば教科書はすぐに開けるし、消しゴムはなくならないので、整理整頓の良さや心地良さを感じます。人は、良いことがあればやるものです。机の整理整頓の良い習慣が身につけば、なくしがちの赤白帽は使ったらすぐに収めます。一つの良い習慣はもう一つの良い習慣を生み、これがていねいのしつけです。

ものをなくさない指導はものを大切にすることにつながります。ものをなくさないということは、要するにものをていねいに扱うということです。自分のものをていねいに扱えば、みんなで使うものや人のものもていねいに扱います。ものに愛着を持ち、それを使う技を身につけます。使い捨てではない「良いものを見る目」も養います。親御さんに買っていただいたものと敬う心につながります。つまり、ものを大切にするとは、人を大切にすることです。礼儀や所作につながれば、人としての品格を培うことになるのです。

大人の勇み足

「うちの子はどうしたものでしょう。宿題をしたの？と聞けば、やったと言い、見てみれば途中でやめているんです。」と親御さんの相談を受けたことがあります。「うちの子は、私の言うことをちっとも聞かない。」と、困った様子でした。どの親御さんでも子どものやる気を出したいと願い、やる気が落ちれば心配になります。「うちの子は何でも進んでやります。英語検定も合格し、やる気に満ちあふれています。それから……。」これはどうかと思いますが、うちの子の今の状態は大変と思うのは、そこから課題ができ、意欲が戻り、伸びる子どもになる可能性があります。

ある校長先生の話。「私のクラスに大変な子がいます。授業中、立ち歩くので注意すれば余計にしゃべり出して、困っています。」と、担任が話してきました。校長先生がその子どものクラスの授業に出たときは、落ち着いて授業を受けており、それを伝えると、「そのときが特別なんです。」と担任は答えました。担任の答えは意味深いことです。特別なのであれば特別を一つ、二つ、多くしていくことに目を向けられないかと思いました。そして、校長先生と子どもとの関係において特別であるのなら、担任との関係を特別にしていくことで、毎日が特別にならないかと思いました。

大変なときもあれば大変でないときもあるはずです。大変でないときに心を向けるとそんなに大変なことが一日中続いているわけではないことに気づきます。子どもの事態に、これは大変だと働きかける、大人の勇み足。勇み足の元は、国語力にあります。「大変」「まったく」という修飾語の問題です。「大変なことだ」「まったく言うことを聞かない」ということばが、思い込みを作り上げていきます。

思い込みがあると目が曇るものです。子どもを見る目をまっさらにすると、大変だけどそうでもなくて、伸びそうな小さな芽が見えてきます。先日、「あの子はスピーチコンクールのリハーサルですらすらと話していた。」と言えば、担任は、「そうなんです。以前はことばがうまく使えなくてどうかなと思っていました。書くことも十分ではなかったのですが、伸びてきたんです。」と、輝く目で話していました。「大変」「まったく」「困った」を言えば、思い込みになります。大変だけどそうでもないこともあります。勇み足にならず、大変さも良さもまとめて受け入れて、指導しています。大人のまっさらな目はきらきらと輝く目になります。そんな目を見て子どもは伸びるのであろうと思います。

苦労したぶんだけ学びになる

年末から年始にかけて、昔の遊びを楽しむ機会があります。冬休みだからこそ味わえる遊びを大いに楽しんでほしいと思います。その中でも百人一首は長い歴史があって様々な楽しみ方ができる奥の深い遊びです。やっているうちに意味の分からないままリズムやことばの響きがおもしろくてだんだんと覚えていきます。また、ことばの意味を尋ねてきたり作者に興味を持ったりするようになります。短歌の題材に目を向ける場合もあります。興味を持ったことを教えてやるとさらに興味を持ち、もっと知りたくなります。たとえば、植物のハギ（萩）を題材にしたものが出てくるので、当時の人たちはハギの花を見て楽しんでいたことが想像できます。同じ日本人でも時代が違えば心を寄せるものが違うことに気づきます。あるいは、人との別れを詠む歌も多く、人との別れは今も昔も変わらない、つらくて寂しい思いをしていたと共感します。

短歌を覚えるとなるとかなりの努力を要しますが、小学生はすべて覚える必要はありません。覚えたものが読まれる楽しみがあり、遊ぶうちに一首一首を覚えていきます。覚えなさいと言われるとなかなか覚えられるものではありませんが、いくつか覚えてしまうとハードルが低くなり努力してでも自ら覚えようとします。自ら行動するところまでくれば子どもの学ぶ力になっていきます。また、努力をして遊ぶという体験は、便利な社会には大事なことです。与えられたものをそのまま使って遊ぶことになれた子どもはそういう人間になります。努力や苦労をして遊ぶことは子どもの学びにつながり、学ぶための訓練を小学生のうちにしていることになります。つまり、遊びで学ぶとは、学び方を学ぶということです。

1年生の教室では、幼稚園児に昔の遊びを楽しんでもらうために、動画を撮っていました。すごろくと福笑いとトントン相撲の遊び方を説明していました。自分で遊んでみて、おもしろさを味わっているので、人にも伝えたくなります。クラスの仲間と一緒にどういうことばで伝えたらよいか考えたようです。昔遊びのおもしろさに気づくだけでは学習として物足りませんが、そのおもしろさをどう伝えるか知恵を出すと学びになります。仲間とひとつになって目的のためにやれば学びになります。また、普段の授業でのていねいに話す、順序よく話す学習がここで生かされていました。学んだことが使えると本物の力になります。2年生の教室では、

5年生から教えてもらった、けん玉とコマとお手玉の練習をしていました。少し練習したので
は上達しないのでこれも学習になります。

1年生は作った動画を幼稚園に持っていきます。昔の遊びのおもしろさを伝えたい、おもしろいからやってほしい。この思いが実現するときです。2年生は技の発表会をします。やってもやってもできなくて、できないことを繰り返した者は、体と頭を使っています。どちらも苦労をしたぶんだけ学びになります。みんなでひとつになれたこともうれしいことです。こうした積み重ねで、学ぶことの楽しさを知ることになります。

話さない体操服

担任をしていた時、箸が私の机の上に置かれていることがありました。箸を置いたのはお昼のお弁当で箸を忘れて貸した子どもだと察しがつきます。ただ、何も言わない子どものことが気にかかります。そんなことがあると心配なことも起きます。帰ろうとした子どもの手袋が見当たりません。誰かが間違えて持ち帰ったのか、翌朝、その手袋が机の上に置いてありました。誰も言わない持ち物があると教室の空気が澱みます。

先日、保健室に入ろうとすると、そこに保健室から出ようとする子どもがいました。体操服が養護教諭の机に置いてあるので事情を聞くと、「体操服を忘れてしまったので養護の先生から借り、その体操服を返しに来た。」と言いました。黙って体操服を返すことがよくないことだとわかっていないようでした。これはよくないことだと注意するだけでは指導にならないと判断し、話すことが大事だと自覚させる必要を感じました。黙って体操服を返すことがよくないことに気づき、ものを借りて返す行いにことばが必要だと考えさせる指導です。

「養護の先生が戻って来られたとき、体操服はあなたの代わりに話すことができますか？」

「いいえ、できません。」

「そうですね。重ねて聞きます。体操服は話をしますか？」

「体操服は話しません。」

このあと、話したい相手がいないときはもう一度出直す話をしました。


「学習のしつけ」という教員研修があり、協議の一つに話すことが取り上げられました。しつけの話すとは、授業で自分の考えを教師や仲間に話しことばで伝えることです。日常で相手に用件や思いをことばで伝えることを指します。そのとき、保健室に誰が置いたのかわからない体操服の話が出されました。黙ってものを置く実態から話すことの指導が子どもの心には届いていないとわかり、さっそく教師全員で話すことの指導をていねいにすることにしました。

つい先日、1年生が体操服を持って保健室に入るところを見かけました。1年生は養護教諭に自分の名前を告げて、借りた体操服を返しに来たことを話すことができました。養護教諭にお礼を言われ、うれしそうでした。教室に戻ってこのことを担任に話すと笑顔で迎えられ、ものを返す行いが良いことになりました。5年生の2人が国語の宿題をやって職員室に来ました。今日中に出さなければならない宿題ですが国語の教師がどこにもいないので困っているところでした。黙って宿題を机に置くことはしていません。帰り際、私に、「教室の廊下で待っていると国語の先生に会えて出せました。校長先生、ありがとうございました。」と喜んでいました。教師の指導が子どもの心に響く指導になり、子どもの力になっている出来事でした。

よいことがあります

人はこちらの思い通りにはなりません。ましてやこうしてほしいと思ったことはそうはならないものです。それでもとなんとかなるかと、重ねて言えば煙たがれてしまいます。これは大人のことだけではありません。子どもも同じです。人は自分の考えで行動するもので、学校は自分の考えで行動する子どもを目指しているのですから、大人の都合に合う対応では教育ではありません。そのときそのときで一貫しない指導は子どもに伝わらず、大人はいらだつばかりです。

子どもが校内のものを壊してしまうことがあります。責めるように「きみが壊したんだね。」と言えば、子どもは「ぼくはやっていません」と否定するか、人のせいにするか、とかく自分の非を打ち消すことに苦心します。ものを壊せば非を認めるのが当たり前だと思うのですが、これを繰り返されたら子どもは、非を認めないほうに考えを向けます。私の話を受け止める心を整えます。初めに、ものを壊したのならけがをしているかもしれないので、「大丈夫か、けがをしていないか。」と聞きます。「けがはない。」と言えば、「それならよかった。」と答えます。そのあとに、「何があったのですか?」と聞いてやれば、ものを壊したことを話し出します。「そうだったのか。きみの説明で何があったか、そして、どうしてそうなったのかも分かりました。そして、きみの思いも分かりました。〇〇と考えたのですね。」最後に、「よい国語の勉強ができました。」で話を終えます。自分の非を打ち消す子どもを、あったことをなかったことにする責任逃れの人にしてはなりません。大事なのは自分のことばに責任を持つ人にすることです。ものを壊すのは良いことではないけれど、したことや思いを話してよかったと思わせることが肝心です。

よいことがあると思えば、子どもは自ずと考えて行動することを選びます。先日、2年生の教室で授業をしていると、体育館から教室に向かう1年生が廊下を通りかかりました。体育で思いっきり体を動かした楽しい授業のあとは、にぎやかになりがちですが1年生は声を出さずに歩いて教室に向かいました。「静かに歩いていて立派な歩き方でした。」と言えば、「話をしてうるさくするのは恥ずかしいことです。だって、2年生の人たちは静かに授業をしています。だから、恥ずかしいことです。」

「静かにしていたら、早く着替えができます。ほらね、先生。」

「ぼくもいいことがあった。（お腹をなでながら）ほら、こんなにたくさんお茶が飲めた。」

「私は席について早く本が読めます。」

と、よいことを教えてくれました。


子どもの心に届く話は、子どもに安心感を持たせ、受け止める心を持たせることから始めます。そのうえで、子どもに考えさせる話をします。廊下を歩く足先まで心を向けるほどの、思考を働かせることばを教師から発し、子どもが受け止めて行動すれば、よいことがある……。よいことがあれば自ら考えて行動するようになるものです。

授業を考える(1) ——考えに光をあてる——

2年生の算数の授業を見る機会がありました。問題は、「わたしはドングリを18こひろいました。先生はわたしより4こ多くひろいました。先生は何個ひろいましたか。」というもの。答えは容易に出せるのですが、子どもにつけさせたいのは思考力です。紙テープのような長方形の図を使って答えがどこにあるかを図に表す学習です。1年生のおはじきや絵を使って考える学習から進んだ学習で、子どもにとってわかりやすそうで実は難しい学習です。この学習をていねいにしておけば3年生、4年生、そして5年生の割合で使う線分図につながります。さて、子どもたちの考えはわたしの図の横に先生の4この図をくっつけたものでした。一方、わたしと先生のテープ図を別々に上下に並べた考えもありました。その良さを説明するのですが、横の図の方がいいとほとんどの子どもが言います。先生の数を求めるわけですから横に4こくっつけるのがわかりやすいと言います。少数派も多数派もお互いの考えを主張して時間切れとなった次の日。教師はドングリの絵を18こと4こ、テープ図のところに一つひとつ貼り付けてわたしの18こを取り除きました。先生のドングリは4こになってしまい、これを起点に子どもの思考が動き出しました。横に並べると2人の取り合いになってしまう、上下に2つ並べるとわたしと先生の数がはっきりする、1列にするのであれば先生のテープの上にわたしのテープを重ねてみればいいと、思考を働かせる学習になりました。

1年生の授業を後半の数分見ました。国語『スイミー』〈注〉（レオ・レオニ作　谷川俊太郎訳）を教材に登場人物を見つける学習でした。主人公のスイミーをはじめ仲間の魚たちが恐ろしい敵を追い出す魚たちの物語で、登場人物は見つかったようですが物語の中盤に表現された海の中を彩るくらげやいせえびたちは登場人物かどうかが疑問になり、話し合っているところでした。ひとりの女の子が多くの子と違って登場人物だと言いました。にじいろのゼリーのようなくらげと書いてあり、スイミーがくらげを見てそう思っているのだからと根拠を話すのですが、それがほかの子どもに伝わりません。「そうか」と気づく子どもがひとりいましたがどう言えばいいかと迷っています。ほかの子どもは考えが違ってくらげやいせえびは何もしていないという考えです。教師は女の子にもそうかと言う子どもにも、そして、すべての子どもに、「それで。」「ということは。」と子どもの発言に応じて思考を促します。ほとんどの子どもたちは女の子の考えと違っているのですが、みんなで女の子の考えを理解しようと考えこんでいます。しばらくして、ある子どもが「くらげやいせえびは何もしていないけれどスイミーはくらげたちを見てだんだん元気をとりもどしたと書いてあるのだから登場人物だ。」と言いました。この考えに触発されて「たしかに、スイミーの心が動いたから登場人物だ。」と、思考力が働く学習でした。

教師が深い教材研究をすればその分、子どもの考えを使って思考を高めていけると確信した授業でした。学校では子どもが問いをもって思考を高める授業をしています。ひとりの考えも無駄にしない授業です。授業とは、教師が指導するだけのことではありません。授業は子どもの考えに光をあて、考えが子ども一人ひとりにめぐりめぐって思考力を高め、深い理解になります。

注

『スイミー』…オランダ出身の絵本作家、レオ・レオニの絵本。

授業を考える(2) ――考えれば豊かになる――

2年生の国語の授業をしました。私が立てた授業プランをどのクラスも行う形式をとる教員研修です。教材は『かさこじぞう』〈注〉。じいさまとばあさまが編んだかさこをじいさまが町に売りに行くがさっぱり売れず落胆して帰る途中、吹雪の中のじぞうさまにかさこをかぶせます。その夜何もない正月を過ごすことになった2人にじぞうさまが米や粟を持ってくる話です。2人の明るい暮らしぶりや人を敬う心と情景描写のおもしろさや美しさが読み取れる作品です。一つひとつのことばを大事に読ませて想像したことを子どもが交流すれば、ことばの理解を図り想像力や思考力がつくと構想しプランを立てました。

物語の山場を扱う授業でＡ4用紙にじいさまとばあさまを左右に、2人の上にじぞうさまと記して配りました。こうしたのは前時の授業でじいさまとばあさまの2人の関係図にじぞうさまも書き加えたいと子どもの求めがあったためです。そこで、授業のめあては「3人の人物関係図をつくる」としました。学習課題は教師と子どもと作るもので、たとえ教師の与えた学習課題であっても自分のこととして課題を持たせることが肝心です。ある子どもが人物関係図にじぞうさまからじいさまとばあさまに向けてそれぞれ線を引き、そこに「かさこをありがとう」と書き込んでいました。これを取り上げ、学習課題は「どうしてばあさまにもありがとうとしたのか?」にしました。かさをかぶせたのはじいさまで、ばあさまは家にいたわけですから不思議です。ここまで7時間かけて読み込んでいたので、関係図を一気に書き始めました。初めから読み返して課題は解けたのですが、ひとりの子どもが、「ということは、疑問がある。じぞうさまはばあさまがかさを作ったと知っていることになる。どうやって知ったのだろう。」と言いました。課題を解決することで新しい問いが生まれると授業は活気づきます。「校長先生が教える時間は今日でおしまい。」と言っても、続きをやりたいと譲りませんでした。

かつて6年生に詩を読む授業をしたときのことです。教科書の詩はさらりと読めて思考の高まりが期待できなかったので文語体の詩を教材にしました。思った通り難しく、初めは声に出して読みづらそうでした。音読と視写を繰り返し、そのあと色鉛筆で絵を描かせました。絵を描かせたのは遠近や色、明暗、位置関係をつかみ詩の理解の糸口になると考えてのことです。ある子どもの絵を黒板に描かせて、詩のことばとつなげて解釈を始めました。途中、「ぼくにはわからない。だれかわかるように説明してほしい。」と発言がありました。これで授業が活気づきぼくはこう書いたと黒板の絵に、ここはこうではなくて強い線で濃く、それならこっちはやわらかい線でと絵を作り、ことばを根拠に静と動の対比をして新しい解釈が生まれました。授業の後、わからないと言った子どもが、「今日の先生の授業には納得した。」と言いにきました。子どもたちはこう理解するだろうからそれ以上の発見のある問いと糸口を作らなくてはと、毎日が子どもと対決しているかのような気の抜けない授業でした。

授業とは、教師が指導するだけのことではありません。授業は子どもの考えから、考えがめぐりめぐって教師と子どもの考えを豊かにしてくれることで、どちらにも財産になります。

注

『かさこじぞう』…岩崎京子作の児童文学作品。

授業を考える(3) ――自分のことばに責任を持つ――

子どもを見ていてもう少しことばの力があったならと思い、国語力を上げる学習をしています。大人になって、何かの協議で相手に伝える内容と思いがことばの力の弱さのために届かず、意見が力を持たないことがあります。ときには曲がり、ときにはねじれて受け止められ、あとから何を言っても、もうどうにもなりません。ラグビー選手として活躍し、指導者としても活躍した平尾誠二さんのことをテレビ番組で知りました。平尾さんは選手を育て、生かすには何が強みで何が足りないかを考え抜いていました。そして、選手に伝えるときは、成果と課題を伝えること、人格を否定しないこと、人と比べないことを指導のルールにしていました。指導者は目標を明確にして強化方針や試合の戦術を伝えます。一度放たれたことばはもう元に戻せません。ことばの重みを知る指導者だと想像し、私は教師に置き換えて考えました。

2年生の算数の授業のことです。問題は、「みんなで写真をとりました。8きゃくのいすに1人ずつすわり、のこりの13人は立ってとりました。みんな、何人で写真をとりましたか?」

というもの。答えを出すのが目標ではなく、2年生では問題文をテープ図（細長い帯状のテープの絵でものの数を表したもの）で表し、図のどこに答えがあるかを書き入れるのが目標です。問題文からわかっていることを確認し、黒板に8きゃくを表すテープがはられました。子どもは、その横に13人を表すテープをつけました。そして、2つのテープを合わせて求める数を□人と書きました。子どもはこれで良しとしていたのですが、ある子どもが言いました。「この考えなら、いす＋人間になる」、これに触発されて、「できない！」（8きゃく＋13人はできないという意）と言いました。いすを人に置き換える図をもう1つ書いて、「8きゃくを8人に言い換えるといい」と発言が続きました。

算数もことばを読み、考えを書き、発言を聞き、考えを話せばことばの力がつきます。それが、日常使われるわけです。授業で蓄えた国語力が日常に還元されることによって自分のことばに責任を持つ人になれるのです。

授業を考える(4)　──主体性は育てるもの──

1年生は今、1年間の学校生活を振り返る学習をしています。授業で蓄えたことを発表するための授業を見ました。一人ひとり発表の内容は異なっていますが成長の自負はありますし、仲間のこれまでの努力と成果を見続けているので発表を誇らしいものとしていました。また、いちばん速く計算ができるといった競争型ではなく、上まで上がるのが怖かった遊具を克服した、ていねいな字が書けたという共感型の自己肯定感を持つことをめあてにしているので、主体的な子どもの学びのある授業でした。

かつて、鉄棒の足かけ回りができないと担任の私に訴えてくる子どもがいました。それをとなりで見ていたAくんは頭をやや傾けて私を見ています。聞けば、「文句を言うのがふしぎ。やればいいのに」と言いました。Aくんは鉄棒も一輪車も算数も国語もよくできましたが、初めからできるわけではありません。できるかできないかはやるかやらないかで決まります。困難なことをやりきるには痛みや苦しみは伴いますが、それを苦にせず楽しんでいるかのようでした。
一方、訴えてきた子はやる気がないわけではありません。努力をしているのにできないと考えるなら、「取りあえず努力をやめてみればどうか。」と伝えました。しかし、「やめるのは嫌だ。」と言います。これは何かあるなと思いました。どうやら、親御さんから練習をしているのかと問い詰められていたようでした。「他の人はできているのだからがんばりなさい。」と言われていました。努力が足りない、努力すれば必ずできると心身を縛っていたようです。

これでは自分事になりません。大人の目の色を伺って、大人の心を読んで自分の行動を決めるわけですから。主体的というのは、自分の事として心の底から湧き上がってくる意欲をもって学習行動を起こすことです。目指すモデルやライバルがいても自分事でなければ力は伸びません。主体的にやって自己実現を重ねれば、いつかきっとと希望を持つ人になりなす。こうやってみようかと構想し、ああでもないこうでもないと試行と修正を繰り返し、私はこれだと決断します。つまり、思考力を鍛え上げることになります。

ところが、教師の授業で主体的な子どもが影をひそめることがあります。授業の質が低いために賢くなれたと感じない授業をしていると、小学生は別の事柄に心を向けてしまうものです。少しでいいので、今日の授業は昨日よりわかった、昨日よりできた、授業で賢くなれると子どもが手ごたえを感じることが肝要です。子どもが主体的になれば手ごたえのある授業ができます。真っすぐに向けられた眼差しは教師の力を奮い立たせます。

教師と子どもは真剣に考え、45分の授業が終わって教師はへとへとになります。こうではなくてこう問えば良かったと反省します。未来を見るのが子どもですから、さっと切り替えて校庭に遊びに出ますが、ときには考えを言いに来ます。ひとりで考えこんでいることもノートに考えを書いていることもあります。教師と子どもが自分事として授業を行えば子どもは実力を伸ばします。そのとき教師は子どもに鍛えられる感覚になります。意欲は誰でも持ちます。主体性は誰にもありません。主体性は授業で育てるものです。

授業を考える(5)　――子どもを信じる――

子どもを学校に通わせる親御さんにとって心配なことはあるものです。親御さんの言うことを子どもが聞かなくなれば心配ですし、初めて学校生活を送る1年生も心配です。先日の1年生の参観日、親御さんが話をしに来られました。入学したての頃、家での様子から学習についていけるのかと心配だったそうです。思い切って担任に打ち明けたところ、「だいじょうぶです。必ずできます。伸びます。」と力強く言われ、こんなにはっきりと自信のある先生だから私は先生を信じようと思ったと話されました。担任のことばに力を得て、それ以来毎日子どもを見ていると、宿題は頑張るし、生き生きと登校しており、先生がこんなに我が子を信じてくれるのだから親が信じなくてどうすると考えを改めたそうです。これからも子どもと先生を信じていきますと胸を張っておられました。

ひとりの子どもの力ではいくら教師が教えても5の力はせいぜい6にしかなりません。教室にはたくさん子どもがいて、学習課題に対してこうだ、ああだといろいろ考え、仲間と伝え合い、時にはぶつかり合い、化学反応のように新しい考えが生まれることがあります。そこから新しい理解や技能や思考が身につくのが授業です。教師と仲間と追求していけば5の力は7にも8にもなります。そんな授業はおもしろく、多くの者と心が結ばれ学校が楽しくなります。授業が終わるとすぐに遊びが始まり、仲間のことが好きになり運動欲求を満たして、また授業に向かうのが子どもです。だいじょうぶと答えた担任は、今の学力を知り、授業で手ごたえを感じ、伸びる子どもをイメージできているのです。そして、心身ともに健康で送り出してくれる親御さんだと信じているので、担任はだいじょうぶと言えるのです。

5年生が卒業する6年生とのお別れ集会を計画しています。全児童が集まってできる状況ではないのでどうすればよいかすぐに妙案は見つかりません。今、6年生と共に活動してきた喜びや下級生のために尽くしてくれたことへの感謝を、何をもって伝えるか考えています。答えは教師が出しません。これも授業ですから、答えは子どもが出します。子どもも先生に答えを出してもらおうとは思っていません。自身が考えてたどり着かなければ満足しません。教師が子どもを信じて、自ら考える子どもに育てていることをうれしく思います。

朝学校に向かうときの朝焼けはこの世界が美しいと感じる喜びの時です。すれ違う人にあいさつしても返ってくることばはありません。それでもいつかきっとと思っていると返す人がいました。あいさつを交わした後、「先ほどこの近くの小学生が元気のいいあいさつをしてくれてさわやかな朝になった。」と言われました。きっとうちの小学生だろう、朝早く登校してあいさつするのはあの子だろう、この子かもしれないと信じてやれることの喜びがある朝でした。授業で子どもを信じる学校の日常です。

こころを整える

朝、1年生の教室に行くと元気のいいあいさつをしてきます。声の勢いや明るさから学校には先生や友達がいて、やりたいことがいろいろあるのだろうと思います。教室を見渡すと、提出した宿題プリントが重ねてあるのですが、その向きがばらばらでした。ほかの宿題ノートは端をそろえて重ねているのでもう一息です。宿題プリントを出している子どもに、一枚ずつ向きを変えながら○をつける真似をして見せました。子どもはあっと気づいて、ばらばらのプリントの端をとんとんとそろえました。次の日に、「先生、見てください。端をそろえました。」と言ってきました。もう少し続けて見てやれば、良い習慣になりそうです。良い習慣は、自分で考えることと自分でやることで身につくものです。

朝は、こころを整える大事な時間です。早い時間に登校する子どもは遊びたいのでしょうが、その前に宿題を出して、今日の授業準備をして、朝読書の本と1時間目の教科書やノートを机の上にそろえます。決められた場所にていねいに置くことでこころが整います。朝読書ぎりぎりの登校はこころが整いません。宿題や教科書やノートが出せないまま朝読書になって、毎日続くとこれが当たり前になってしまいます。友だちもまたかと当たり前に思えば、お互いのこころの距離ができてしまい、問題です。ぎりぎりに登校する子どもが余裕を持って登校することが何度かあったので、早く来たことに話を向けてみました。すると、その子どもは早く来れば落ち着いて朝の準備ができて、友だちと話ができるので楽しいと言います。それで、続けるにはどうしたらよいか考えて、良い習慣になりました。

良い行いはもう一つの良いことを生むものです。朝読書で教室に出向いて『ヴィーチャと学校友だち〈注〉』を紹介しました。児童文学で算数の難問を解きながら読み進める長文の作品です。これまで紹介して読み切った者はほとんどいません。早い登校が習慣になった子どもが本を借りに来ました。2か月後、「最後まで読みました。」と、本の感想文と難問の解答を書いてきました。親御さんの協力もあって朝の支度が習慣になってこころが整い、こころが整えば良いことがあると実感した出来事でした。

朝の少しの時間でも、毎日にゆとりがあると学びの機会が生まれます。1年生は新入生を迎える花の苗や球根を植えています。ある朝、「校長先生、花が折れました。上級生が蹴ったボールが当たって。でも誰なのか分かりません。」と言います。くりくりしたかわいらしい目で私を見つめており、ボールを蹴って花を折ったことへの注意のことばを待っている様子です。それを言っても1年生にとって良いことにはなりません。せっかく私のところに来てくれたわけですから学びの機会にしたいと考えました。とりあえず「きれいな花だ。」と言えば、あてが外れたようで首をかしげました。「この落とされた花をどうしますか？捨てますか？」と言ってみました。「捨てない。」というので、「それでは、小さな花瓶にさして教室に置くのはどうか。」と提案しました。1年生はじっと考えてから教室のいちばんよく見えるところに置きました。折られた花で花を慈しむ機会になりました。

こころが整えば良いことがあります。それは、こころが整うと良いことを生む目や耳を持つからです。そこから意欲と意志がはたらき、良いことが起こるのだろうと思います。そうすればいろいろな壁にぶつかったときに、いつかきっと希望をもって行動するようにもなります。

注

『ヴィーチャと学校友だち』…ニコライ・ニコラエヴィチ・ノーソフ作、ゲ・ポージン 絵。

遊びと学び

小学校で大事なことはすべて砂場で学んだという人がいます。おそらく、走って跳べば体を鍛えることになり、造形遊びをすれば図画工作で、その遊びで図形や数の認識をして算数の学習になり、水を使えば固まり、浸み込み、川ができて理科の学習になるというようなことであろうと思います。つまり、子どもというのは遊びから学んでいるという意味だろうと思います。確かにそうですが、遊びを学びにするにはカリキュラムと子どもの課題意識のためのしかけが必要です。言い換えると、目指す子ども像と能力、態度が設定され、学習として組織されることで遊びが学びになります。

子どもは磁石遊びが大好きです。磁石がものにくっつくという活動のおもしろさがあります。授業で扱っているとき、幼児期に遊んでいなかった子どもは授業中いつまでも遊んでしまうほどおもしろいものです。ところが、遊んでいるように見えても、遊びでは目に見えなかった磁石の力が見える材料を準備すれば、遊びではなくなります。教師のしかけから疑問をもち、探求したい学習課題が生まれます。これが学習の始まりです。幼稚園や保育園で季節の行事で餅つきや豆まきを体験します。楽しい行事で子どもの心に残るものです。同じく小学校も体験しますが、小学校は体験を学びにします。餅つきは2年生の米作りの一環で、これが3、4年生の食育や農業体験学習に、5年生の食糧生産や6年生の地球規模で考える学習につなげます。また、豆まきでは豆を投げて食べますが、日本文化ですから調べる力をつけ、企画力や表現力を育てる大事な学習活動です。

少し前から1年生の教室に朝行っています。教室の後ろに国語で学習した『スイミー』の絵が掲示してありました。この話は、仲間の赤い小さな魚たちが大きな魚に食べられ悲しむスイミーが、新たな仲間と集まって大きな魚となり、恐ろしい大きな魚を追い出すストーリーです。描いた絵は、スイミーたちが集まって大きな魚になって追い出す迫力のあるものでした。そのほか、悲しむスイミーを元気にする虹色のゼリーのようなくらげや水中ブルドーザーのようないせえびの絵もあります。「校長先生、見てください。」と目をくりくりさせています。一つひとつの絵は完成していますが、掲示板全体の構想に欠けていたので、「私は満足できない。」と言ってみました。すると、ある女の子が首をかしげて「何か足りない。」と言い、周りにいた子どもの思考が働きだしました。海の中のことなのに海のような感じがしない、『スイミー』に出てくるわかめや昆布の林があればいい、岩陰がいる、岩陰なら海だってわかる、確かに岩陰はいる、岩陰に隠れている小さな魚がいれば、それでスイミーたちが大きな魚になったとわかる、それなら追い出された大きな魚もいると、ストーリーの舞台や展開に合わせて人物と背景を考え出しました。やり直した後、1年生の担任にすばらしいと感心してもらい、日記にも書いて親御さんに共感してもらいました。何かが足りないと考え、アイデアを出して思いを絵にしたのですから学びになりました。

遊びは大事です。しかし、遊びと学びをはき違えないようにしなければなりません。一見遊びに見えても、そこに子ども自身の課題や解決の構想や活動と評価があれば力を伸ばし、学びになります。学びは大きな喜びとなって、子どもは授業が楽しいと言うのだろうと思います。

情熱の子ども

今年は大変から始まりました。手洗い、マスク、大声は出さないこと、人との距離は1m空けること、いろいろな対処法を言われた子どもは、ルールを守ることに専念しました。特に、昼ご飯はけっして声を出さないこと、他のクラスの人との接触はできる限りやめることは、辛いことです。声のない昼の教室は心が閉ざされているように見え、音楽会や宿泊学習の中止も同様でした。人というのは、人との関係において人間らしくなるものです。ましてや子どもは、体がぶつかるほど密接な関係を結んで、お互いが成長します。それがかなり制限されることになり、悔しさを心に収めてきました。そして、1年間やるべきことをやり、代わりにできることを生み出し、輝く時を見せてくれました。

先日、音楽演奏会を行いました。「星空の音楽会〈注〉」をした1年生は、夕方から夜、真夜中、夜明けまでの星空を想像して音を作りました。歌を歌う喜びを味わえないまま終わる1年ですが、その招待状の「ここを聞いてください。」という一人ひとりのメッセージから、1年間の確かな歩みが見え、当日の演奏会では音楽への情熱を感じました。
☆ほし空の音楽はだんだん大きくなるのがとくちょうです。
時の変化に合わせて曲を作った想像力と考えぬいてやり切った思いが伝わってきます。演奏会では自信がみなぎり、仲間とやり遂げた喜びがありました。
☆（夕やけ小やけの夕やけ場面の演奏で）夕やけを見るようにきいてください。
子どもは夕焼けを繰り返し見て、情景を思い浮かべて考えたのでしょうか。演奏会では子どもと指導者と観客が夕焼けを心で見ていました。

今年1年、子どもはやりたいことをやり切る学びの姿が見て取れました。特に、6年生はなぜ卒業する年にと、愚痴を言わず、嘆きも見せず、いろいろ考えてよく踏ん張ってきた1年間でした。6年生が下級生たちの教室に花ことばを書いてくれています。

いちご　　花ことば「尊敬と愛情」

みなさんは「いちご」を知っていますね。
いちごが好きな人は、多いと思います。家族も友人も大切に敬い、家族からもらっている愛情も大切にしていってください。
これからも家族も友人も自分を支えてくれる人になると思います。

6年生は、「家族を敬い家族から支えられてきました。学校でもお互いが敬い、支えられてきて、今があると思いました。」と教えてくれました。

今の日常はもうしばらく続き、心配や不便はありますが、必ず笑顔の時がやってきます。歌を歌い、語り合える日がきっときます。私たち大人が自分だけのためではなく、人を敬う品格をもって生きることが、子どもを情熱の人にするのだろうと思います。

注
「星空の音楽会」…1年生の音楽の教科書（教育芸術社）にある音楽を創作する教材。

おわりに

子どもを見ていて、この子にもっとことばの力をつけていれば、こうはならなかったのにと思うことがあります。教育はこれでいいのだと思っていれば足元をすくわれ、日々これで本当にいいのかと肝に銘じていかなければなりません。他方、希望もあります。グラウンドの土が風で舞うので廊下を掃いていると、「先生、ありがとうございます。」と子どもが言いに来たことがありました。どうしてありがとうなのかと聞けば、「先生が掃除をしてくれるから廊下がきれいになって、気持ちよく歩けます。」と答えました。確かなことばを使って思考を働かせ、自分の考えを話していました。教員の授業研究を重ね、ことばを使って思考を深める授業ができるようになり、その学びが少しずつ日常に浸透し、思考することばが使えていることに希望が持てます。

社会の中で英語が必要とされる時代になり、英語は世界の扉を開く鍵となっています。ここで英語教育について考えると、母国語としての日本語を考えざるを得ません。英語力をつけるには母国語である日本語を磨く必要があります。英語を学ぶ人は、自分の母国語で思考する力があれば、そのぶん、英語力が身についてきます。そして、英語を使って思考するようにもなります。英語と母国語、日本語を考え続ければ、言語と思考という本質にたどり着きます。英語も日本語もことばを使って思考する力と密接に関係があります。英語教育と国語教育のいずれも、ことばの底にある思考力を育てるためであり、それを求めるのが教育であると思っています。

ことばで理解し、ことばで思考し、ことばで表現する、この一連の営みはいつの時代も変わりません。人工知能が最適のことばを選択して相手に伝えたとしても、その意味を読み解きできなければ使いものになりません。心が通いません。こう考えると、ことばをていねいに的確に理解し表現する力は、ますます大事になってきます。このことばの理解力と表現力の根っこの部分を育てるのが小学校教育です。ことばには意味があって、ことばを使って考えて相手と話し合えば、わかり合うことができて、「ああ、よかったなあ」と感じさせる教育です。このような日々の授業によって思考力が伸びて、そうすることで未知のものにも何とかしようとする意志と想像力が鍛えられ、いつどんなことが起こっても未来を切り開く人になれると信じています。

2021年10月吉日

安田小学校　新田哲之

著者紹介
新田　哲之（にった　てつゆき）
学校法人安田学園安田小学校長。
1958年広島県広島市生まれ。公立小学校教員を経て1987年から安田小学校教員、2015年から現職。
大学の専門は植物生態学、造園学。教職課程は中高理科。安田小学校では国語教育。
西日本私立小学校連合会理事。同国語部会指導員。

風のかたち 2
子どもたちはこうして大きくなった
～教育現場からのヒント～

2021年11月1日　発行

著　者　新　田　哲　之
発行者　学校法人安田学園
　　　　広島市安佐南区安東 6-13-1
発行所　株式会社溪水社
　　　　広島市中区小町 1-4（〒730-0041）
　　　　電話　082-246-7909

ISBN978-4-86327-569-0　C0037